I0116502

"IN MEDIO STAT VIRTUS"

CITAZIONI

D'AUTORE

Vincenzo Berghella

Copyright Page

Copyright year: 2009

Copyright notice: by Vincenzo Berghella

All rights reserved

ISBN No: 978-0-578-00226-2

Dello stesso autore:

(disponibili anche su www.amazon.com)

- **Ridere, la migliore medicina. Barzellette per bambini.** (2007) [Italiano]
- **Laughter, the best medicine. Jokes for everyone.** (2007) [Inglese]
- **Obstetric Evidence Based Guidelines. Informa Healthcare, London, UK, and New York, USA** (2007) [Inglese]
- **Maternal-Fetal Evidence Based Guidelines. Informa Healthcare, London, UK, and New York, USA** (2007) [Inglese]
- **My favorite quotes.** (2009) [Inglese]

Indice

9	Introduzione
13	Lavoro
13	Come divertirsi al lavoro
14	Lavoro di squadra
14	Organizzazione
16	Determinazione
19	Leadership
20	Triste ma vero
20	Non rendere il lavoro l'unico interesse della vita
21	Come prendere decisioni
21	Successo
23	Lettera di raccomandazione
24	Mentori
25	Triste e falso
26	Scienza e Medicina
26	Metti tutto in dubbio: come avanza il progresso
30	I nemici del progresso
30	Fa attenzione
31	Prenditi cura
32	Sii onesto
32	L'insegnamento come passaggio di conoscenze
32	I due più grandi assassini
32	La medicina basata sull'evidenza
34	La semplicità della scienza e della medicina
34	La causa
35	Giuramento di Ippocrate
36	Prevenire è meglio che curare
36	Celebriamo i successi della medicina
37	La scienza e la medicina sono internazionali
38	Giusta causa
39	Istruzione
44	Libri
45	Vita
62	Conosci e sii te stesso
65	Credi in te stesso
66	Realizza i tuoi sogni
68	Felicità

71	Carpe diem
72	Poesia
74	Rimani giovane
75	Saggezza
77	Intelligenza
78	Mantieni la calma
79	Pazienza
80	Verità
81	Perfezione
82	Giustizia
83	Il lato positivo delle avversità
86	Ottimismo
87	Altruismo
88	Semplicità
89	Famiglia
91	Figli
93	Amore
100	Amicizia
101	Ridere è la migliore medicina
102	Politica
103	Pace
105	Successo
106	Sport
107	Religione
110	Viaggiare
115	Razza
116	Nazionalità
117	Il valore del tempo
118	Morte
120	Il passato
121	Il futuro

A Vincenzo,
Livia,
Giulia,
Alessandro,
Margherita,
Livia,
Andrea,
Luca, e
Pietro

Introduzione

Se l'esperienza si vendesse, la comprerei. Tutti commettiamo errori, giornalmente; l'importante è trarne lezione. La vita deve essere vissuta sulla propria pelle, facendo le proprie scelte, causando così i propri successi, e le proprie sconfitte. Ma, come ha detto Albert Einstein, troppo spesso "i figli non fanno attenzione alle esperienze dei genitori, e le nazioni ignorano la storia. Così le brutte lezioni devono essere sempre reimparate". Spero che alcune delle frasi raccolte in questo libro ti aiutino a riflettere, ad evitare errori dolorosi nella meravigliosa strada della vita, e a prendere decisioni sempre più in linea con le tue convinzioni, non quelle degli altri.

Mi piace essere buon ascoltatore, soprattutto delle persone che ammiro, come i miei familiari, i miei migliori amici, e i molti mentori con cui mi sono confrontato. Mi considero uno studente perpetuo, e continuo ad essere appassionato nell'apprendere. Durante la mia vita, per metà (22 anni) passata a fare lo studente, ho quindi collezionato le citazioni che più mi hanno colpito dalle persone che ho ascoltato, dalle lezioni a cui ho assistito, dai libri che ho letto.

Le citazioni che ora leggerai sono le mie favorite, e hanno per me un significato speciale. Le considero un piccolo insieme di immensa saggezza. E così mi piace dividerle con te. Spero che rifletterai su ognuna di esse, magari leggendone una al giorno. L'interpretazione di ogni frase è personale. Ogni citazione potrà guidarti in un modo diverso, potrà illuminare un lato di te stesso che ancora non avevi esplorato, o capito. Ogni detto ti aiuterà a capire le tue vere priorità nella vita, i tuoi personali valori. La vita è fatta di poche, semplici verità.

È importante che ogni citazione sia valutata per quello che è, una frase fuori dal contesto. Alcune citazioni addirittura sembrano contraddirsi. Una delle mie favorite è 'in medio stat virtus' (Orazio), cioè 'la virtù sta nel mezzo'. Nessuna delle frasi è un ordine o un imperativo. Leggi in modo attivo, non passivo.

Ho cercato di attribuire ogni citazione al suo autore originale, ma non sempre ci sono riuscito. Molte di quelle senza autore le ho collezionate da lezioni in cui la loro paternità non è stata citata, o le ho sentite in conversazione, come parte del buon senso comune. Altre sono state inventate dalla mia mente in momenti di ispirazione. Spero che gli autori non nominati siano felici che la loro saggezza vengata divulgata egualmente. Buon viaggio nella lettura. Se vuoi aggiungere altre frasi a queste citazioni, spediscimele via email a vincenzo.berghella@jefferson.edu

Possa la saggezza essere in te,

Vincenzo Berghella

PS: Verba volant, scripta manent. (*Tito Caio*)
[dal latino: 'Le parole volano, gli scritti rimangono.']

LAVORO

Il lavoro è la sola cosa che dia sostanza alla vita.
Albert Einstein

~~~

Come divertirsi al lavoro

Il segreto per essere felici al lavoro è contenuto in una parola sola: eccellenza. Saper far bene qualcosa vuol dire goderne.
Pearl S. Buck

~~~

Arduo lavoro intellettuale e lo studio della Natura di Dio sono gli angeli che mi condurranno attraverso tutte le difficoltà di questa vita con consolazione, forza, e inflessibile rigore.
Albert Einstein

~~~

Stress e tensione sono causati più da fattori personali che da pressioni esterne.

~~~

La qualità della nostra vita dipende dalle nostre scelte.

~~~

Fa quelle cose che ti piace fare così tanto che non noti neanche il passare del tempo. Spesso sono così immerso nel mio lavoro che mi dimentico di pranzare.
Albert Einstein

~~~

Niente toglie le scorie dall'uomo come il creare bellezza o la ricerca della verità.
John Little

Lavorare è divertente, e non c'è nessun divertimento migliore del lavoro.

Noel Coward

~~~

Lavorar sodo e distribuire azioni di bontà sono in se stessi premi.

Elisa Medhus

~~~

Lavoro di squadra

È sorprendente quello che si può realizzare in due se non ci si preoccupa di chi riceva il merito.

Jason K. Baxter

~~~

Impegno individuale verso uno scopo di gruppo – ecco cosa fa funzionare un team, una compagnia, una società.

Vince Lombardi

~~~

Un bastone si può rompere facilmente; molti insieme no.

Proverbio cinese

~~~

Quando un gruppo di persone è d'accordo su qualcosa, non vuol dire che abbia ragione.

~~~

Organizzazione

Se sbagli a programmare, programmi di sbagliare.

La preparazione è il mezzo più importante per il successo, in tutti i campi.

Rudolph Giuliani, 'Leadership'

~~~

Chi farà
Quanto
Di cosa
Entro quando?

Kern

~~~

Più vado veloce, più rimango indietro.

David Allen, 'Getting things done'

~~~

Raramente il lavoro s'inceppa per mancanza di tempo. Spesso si ferma perché lo stesso lavoro non è stato ben definito all'inizio.

David Allen, 'Getting things done'

~~~

Controlla quello che fai, non fidarti solo di quello che speri avvenga.

~~~

Sii felice dei cambiamenti.

~~~

Sii chiaro sul perché i partecipanti sono al meeting: non per far vedere che conoscono in dettaglio la loro area di responsabilità, ma per dare e ricevere informazioni che siano utili per tutti. Ogni partecipante sappia che è sempre il benvenuto a parlare, ma mai obbligato. Non dó punti a chi parla quando farebbe meglio ad ascoltare.

Rudolph Giuliani, 'Leadership'

Te ne accorgi sempre quando uno ha ragione.
È quando i suoi punti di vista rispecchiano i tuoi.
Louis Morris

~~~

Sono così indietro
che credevo di essere primo.

~~~

Non essere mai il più intelligente nella stanza in cui ti trovi.
James Watson

~~~

Porta la tua ricerca in classe.
James Watson

~~~

Puntuale è l'unico orario esatto.

~~~

Trovati amici vicini al potere.
James Watson

~~~

Determinazione

Il sapere non basta; bisogna applicarlo.
La volontà non basta; bisogna fare.
Johann Wolfgang von Goethe

~~~

Non bisogna rincorrere obbiettivi facilmente raggiungibili.
Bisogna sviluppare un istinto a raggiungere cio' che è quasi
impossibile anche con il massimo sforzo.
Albert Einstein

Qualsiasi scopo è raggiungibile con un talento ordinario e una straordinaria perseveranza.

Sir Thomas Fowell Buxton

~~~

Niente al mondo può sostituire la perseveranza.
Non il talento;
non c'è niente di più comune che uomini di talento falliti.
Non il genio;
il genio non ricompensato è quasi proverbiale.
Non l'educazione;
il mondo è pieno di derelitti educati.
Solo la persistenza e la determinazione sono onnipotenti.
Lo slogan "Forza, vai avanti!" ha risolto e sempre risolverà i problemi della razza umana.

Presidente americano Calvin Coolidge

~~~

Raremente ho avuto l'impressione che il genio è qualcosa con cui si nasce. Al contrario, i geni sono persone che hanno trovato qualcosa che volevano far bene, e poi hanno passato migliaia di ore a migliorarsi.

David Shenk

~~~

Senz'ombra di dubbio la miglior ricompensa che possa offrire la vita è l'opportunità di lavorar sodo a qualcosa per cui valga la pena.

Thedore Roosevelt

~~~

Anche nel vocabolario 'successo' viene dopo 'impegno'.

Niente dolore,
niente vittoria.

~~~

Siccome è difficile, non vuol dire che non vale la pena farlo.

~~~

Il difficile lo facciamo subito.
L'impossibile ci richiede un po' più tempo.

~~~

Accetta sfide audaci e coraggiose.

~~~

Dimidium facti qui coepit habet.
[dal latino: 'L'inizio è metà percorso.']
Orazio

~~~

Provalo
Aggiustalo
Riprovalo
Riaggiustalo

Tom Peters, guru del management

~~~

Gutta cavat lapidem.
[dal latino: 'La goccia scava la roccia.']
Ovidio

~~~

Rilassarsi? Rilassarsi per far che?

Leadership

La sola autorità degna di fiducia è quella che conduce con il buon esempio ed è basata sull'ammirazione.

Roger Caillois, 1943

~~~

La vera leadership è saper prendere, in ogni situazione,
la decisione che ti permette di dormire serenamente di notte.

Rudolph Giuliani, 'Leadership'

~~~

Con il gran potere,
arriva grande responsabilità.

Peter Parker, in Spider Man, di Stan Lee

~~~

Quando il lavoro dei grandi leader è compiuto,
le persone diranno che l'hanno fatto loro.

Chiang Kai-shek

~~~

Delega quanta più autorità puoi.

James Watson

~~~

Scegli un obbiettivo apparente all'avanguardia del suo tempo.

James Watson

~~~

Il leader è un dispensatore di speranza.

Napoleone Bonaparte

Triste ma vero

Scegliere una carriera è come scegliere moglie tra dieci fidanzate. Anche se scegli la più bella, la più intelligente, la più buona, provi sempre dispiacere a perdere le altre nove.

L. Aguilar, in 'My life,' di Bill Clinton

~~~

Sbagliare è umano, ma per incasinare tutto ci vuole un computer.

Arthur Bloch

~~~

C'è sempre troppo da fare. Se ti senti male solo perché hai più di quello che puoi fare, non ti libererai mai di questo stato d'animo.

David Allen, 'The tipping point'

~~~

I sensi di ansia e di colpa non vengono dal fatto che si ha troppo da fare; sono invece l'inevitabile risultato delle promesse fatte a se stessi.
[Per esempio], ti sei ripromesso di passare più tempo con i tuoi figli, e non lo fai – ecco fatto, ti vengono l'ansia e il rimorso.

David Allen, 'The tipping point'

~~~

Non rendere il lavoro l'unico interesse della vita

Il lavoro è il rifugio di quelli che non hanno nient'altro di meglio da fare.

Oscar Wilde

~~~

Mi piace il mio lavoro.
Amo mia moglie.

Dal film 'Planes, trains, and automobiles'

Essere assenti dal lavoro non vuol dire relax.
Da un articolo di Lou Weinstein

~~~

Come prendere decisioni

Il passato è il miglior profeta del futuro.
Se sei indeciso tra due decisioni, vuol dire che probabilmente
nessuna delle due è sbagliata.
Rich Greenberg

~~~

Non ci vuole gran forza per fare le cose, ma ci vuole molta forza
per decidere il da farsi.
Elbert Hubbard

~~~

Successo

L'80% del successo è fare atto di presenza.
Woody Allen

~~~

Il segreto del successo è sapere chi incolpare in caso di insuccesso.
E.L. Kersten

~~~

Il miglior posto dove affermarsi è quello in cui sei con quello che
hai.
Charles Schwab

~~~

Non bisogna mai leggere le proprie recensioni,
o essere eccessivamente curiosi del verdetto dei posteri.
John Little

[La definizione del progresso è] il controllo crescente dell'ambiente. Per ambiente si intendono tutte le circostanze che condizionano la realizzazione della felicità. Il progresso è il dominio della mente sul caos, della volontà sulla materia.
John Little

~~~

Fiducia in se stessi: il segreto del proprio successo.
Nonno di Barack Obama

~~~

Non importa quanti soldi si hanno:
l'importante è quello che ci si fa coi soldi.
Padre di J. Paul Getty

~~~

Il genio degli uomini è più illuminato quando essi sono meno indaffarati.
Leonardo da Vinci

~~~

Le tue migliori idee professionali non ti vengono al lavoro. La tua produttività aumenterà notevolmente se sei sempre pronto a collezionare in qualche modo e in qualunque momento le tue pensate estemporanee.
David Allen, 'The tipping point'

~~~

Non saranno rivoluzioni ma invenzioni che libereranno lo schiavo.
John Little

Lettera di raccomandazione

Mi scrivi per chiedere la mia opinione di X, che ha fatto richiesta di assunzione nel tuo dipartimento. Non corro certo il rischio di raccomandarlo in modo eccessivo, e le cose buone da dire su di lui non saranno mai abbastanza. Non c'è altro mio studente a cui lo possa comparare. La sua tesi è un tipo di lavoro che oramai non ti aspetti più di leggere, e in essa si vedono tutte le sue capacità. La quantità di cose che sa ti sorprenderà. Posso concludere che in effetti sarai molto fortunato se riuscirai a farlo lavorare per te.

John Allen Paulos, 'Un matematico legge il giornale'

MENTORI

Non aspettare che un mentore ti prenda sotto la sua ala.
Trova una buona ala e mettitici sotto.

Frank C. Bucaro

~~~

Se sono riuscito a vedere più in là, è perché l'ho fatto seduto sulle spalle dei giganti che mi hanno preceduto.

Isaac Newton (1642-1727, nel 1675)

~~~

Siamo come nani sulle spalle di giganti, e in questo modo possiamo vedere più cose di loro, e più in là, non perché abbiamo una vista migliore, o perché siamo alti noi stessi, ma perché siamo sostenuti e elevati dalla statura dei nostri giganteschi predecessori.

Bernardo di Chartres (XII secolo)

~~~

Chiedi consigli solo se poi li accetterai.

James Watson

~~~

L'educazione universitaria diventa sterile nel momento in cui divorzia dalla ricerca. [...] Il professore diventa ogni anno più vecchio, mentre i suoi studenti rimangono eternamente giovani, e il contatto con loro [...] è di grande stimolo per lui. Gli fa vedere oltre i limiti della sua generazione, e, se con la sua ricerca lavora per il futuro, insieme ai suoi studenti, riuscirà a plasmare il mondo di domani. [...] Quando li segue nella loro vita professionale e vede i semi germogliare, prova una soddisfazione simile a quella di aver procreato figli.

Henry E. Sigerist, 1943

Anche in lui, nel tuo grande maestro, mi son più care le cose che le parole, la sua vita e i suoi fatti più che i suoi discorsi: sono più importanti gli atti della sua mano che le sue opinioni. Non nella parola, non nel pensiero, vedo la sua grandezza, ma nella vita, nell'azione.

Herman Hesse, 'Siddharta'

~~~

Triste e falso

Das beste was du wissen kannst
darfst du den buben doch nicht sagen.
[dal tedesco: 'Quello che sai di meglio non lo puoi insegnare ai tuoi alunni.']

Johann Wolfgang von Goethe

SCIENZA e MEDICINA

Primum non nocere. [dal latino: 'Prima di tutto non far del male.']

~~~

Metti tutto in dubbio: come avanza il progresso

I migliori vivono nel dubbio, mentre i peggiori sono pieni di passionali sicurezze.

William Butler Yeats

~~~

Non è quello che non sai che conta.
È quello che sai che è errato.

Will Rogers

~~~

Tutto dovrebbe essere reso il più semplice possibile, ma non ancora di più.

Albert Einstein

~~~

Tutto quello che oggi è progresso,
prima era solo immaginazione.

~~~

Chi è già soddisfatto delle sue abilità diagnostiche e dei propri risultati operatori probabilmente non contribuirà a nuove scoperte. Prima bisogna essere disgustati dello status quo. Naturalmente per le invezioni aiuta avere l'idea giusta al momento giusto, e molte di queste vengono, come ad Archimede, al bagno.

Ian Donald

~~~

I nostri pazienti sono nostri insegnanti.

Un vero scienziato non accetterrà mai di credere a opinioni scritte in certi libri. Inoltre, non crederà mai che i risultati dei suoi esperimenti siano definitivi.

Albert Einstein

~~~

Credo ciecamente che se tutta la 'materia medica' di oggi si potesse buttare in fondo al mare, ne trarrebbe giovamento l'umanità, e ne soffrirebbero i pesci.

Oliver W. Holmes, medico di Harvard, intorno al 1860

~~~

La gloria della medicina è il suo costante sviluppo, il continuo bisogno di imparare.

William J. Mayo

~~~

Nonostante tutte le precauzioni, il medico a volte sbaglia, e non si può chiedergli la perfezione. Quello che si deve pretendere è che lui ci aspiri sempre.

Atul Gawande, 'Complications'

~~~

È più facile scovare la verità dall'errore che dalla confusione.

Lord Bacon

~~~

La scienza dipende dalla fiducia nell'onestà e nell'integrità di chi la pratica.

Arthur L. Caplan

~~~

Arte e Scienza: figlie gemelle della fantasia.

Vedere le stesse cose che hanno visto tutti,
ma capire quello che nessun altro ha capito.
Albert Szent-Gyorgyi

~~~

Enigma con speranza di soluzione:
cos'altro di meglio può volere lo scienziato?

~~~

Ogni medico è un tipo diverso di giocatore d'azzardo.
Ernest W. Saward

~~~

Carpire dalla natura i segreti che hanno arrovellato i filosofi in tutte le ere, rintracciare l'eziologia della malattia, correlare nozioni prima separate per prevenire e curare le infermità – queste sono le nostre ambizioni.

Osservare i fenomeni vitali in tutte le loro fasi, normali e non, per perfezionare la più difficile di tutte le arti, cioè l'arte dell'osservazione, aiutandosi con la scienza della sperimentazione, coltivando le facoltà della ragione, così da distinguere il vero dal falso – questi sono i nostri metodi.

Prevenire la malattia, lenire il dolore e curare l'infermo – questo è il nostro lavoro.

In verità la nostra professione è una specie di corporazione o confraternita, che qualunque membro può esercitare in qualsiasi parte del mondo, trovandovi una lingua e dei metodi comuni, e gli stessi scopi e linee di condotta.
Sir William Osler

~~~

Non ho del talento speciale.
Sono solo perdutamente curioso.
Albert Einstein

La 'parola-chiave' della medicina:

Sebbene sia breve, la parola-chiave è piena di significato. È 'l'apriti sesamo' di ogni portone, il grande livellatore del mondo, l'autentica pietra filosofale, che trasforma in oro il metallo vile dell'umanità. La parola-chiave tramuta l'uomo stolto in brillante, e il brillante in attendibile. Grazie a questa parola magica nel tuo cuore, tutto è possibile, e senza essa tutto lo studio è vano e seccante. In essa è il miracolo della vita; il cieco vede con il tatto, il sordo con la vista, l'ottuso con le mani. Porta al giovane speranza, a quello di mezza età sicurezza in se stesso, all'anziano tranquillità. Vero balsamo per le menti addolorate, alla sua presenza il cuore degli sventurati si solleva e consola. È direttamente responsabile di tutti i progressi della medicina negli ultimi 25 secoli. Basandosi su di essa, Ippocrate rese l'osservazione e la scienza il deposito e il tessuto della nostra arte medica. Galeno ne comprese il significato così bene che per 15 secoli il pensiero si fermò, dormì, fino ad essere svegliato dal De Fabrica di Vesalio, che è l'incarnazione della parola-chiave. Ispirato da essa, Harvey vi diede nuovo impulso, un impulso che percepiamo ancora oggi. Hunter ne sperimentò gli alti e bassi, e rimane nella storia un grande esempio della sua virtù. Con essa Virchow abbatté la pietra, da cui uscirono i fiumi del progresso; e nelle mani di Pasteur diventò un talismano che aprì un nuovo paradiso in medicina e un nuovo mondo in chirurgia. Non solo è stata la pietra di paragone del progresso, ma è l'unità di misura del successo nella vita di tutti i giorni. E questa parola-chiave è *Lavoro,* come ho detto una parola breve, ma zeppa di conseguenze enormi se potrete scriverla sulle tavole dei vostri cuori, e affiggerla sulle vostre fronti.

Sir William Osler

I nemici del progresso

Quelli che pensano di sapere tutto
seccano noi che sappiamo di sapere tutto.

~~~

Io ho la mia opinione,
non la confondere con i fatti.
George Bernard Shaw

~~~

I dottori sono persone imperfette come tutti gli altri esseri umani.

~~~

Qui nella nobiltà misconosciuta della ricerca, e nelle battaglie
silenziose di laboratorio, risiede una storia che va a bilanciare gli
inganni della politica e la futile barbarie della guerra.
John Little

~~~

Fa attenzione

Fa attenzione quando leggi libri sulla salute.
Potresti morire per un errore di stampa.
Mark Twain

~~~

Non basta far qualcosa, bisogna star fermi lì, in piedi.
Linda Lewis

~~~

Il raggiungimento della certezza assoluta non è uno scopo
scientificamente raggiungibile; per questo i clinici devono
prendere decisioni basandosi quotidianamente su sostanziali
incertezze.

Prenditi cura

Così come non puoi curare gli occhi senza la testa, o la testa senza il corpo, così anche non puoi curare il corpo senza curare l'anima.
Platone, 'Carmide'

~~~

Per il medico, [...], niente di umano è strano o repellente. [...]
Il vero medico ha un vasto interesse,
per il saggio e per lo stolto,
per l'orgoglioso e per l'umile,
per l'eroe stoico e per il furfante piagnucoloso.
Si interessa e si prende cura delle persone.
Harrison's Principles of Medicine, Prima edizione

~~~

Il bravo medico conosce i pazienti nei minimi particolari, qualunque sia il prezzo di questa conoscenza. Tempo, empatia e comprensione devono essere dispensati lautamente, ma il premio si trova nel legame interpersonale che costituisce la soddisfazione più grande della pratica medica. Una delle qualità essenziali del clinico è il suo interesse verso l'umanità, perché il segreto della cura del paziente è curarsi del paziente.
F.W. Peabody, in un articolo del 19 marzo 1927

~~~

Sii onesto

Crea nelle istituzioni una cultura in cui si insegni e si coltivi l'integrità e in cui tutti i partecipanti siano rispettati.
È anche essenziale che i nostri leader scientifici siano mentori adeguati. Soprattutto, l'apprendimento dei principi di etica deve essere il fulcro dell'iniziativa scientifica.
Arthur L. Caplan

L'insegnamento come passaggio di conoscenze

Etimologia di 'doctor': dal participio passato del latino DOCERE, 'colui che sa in quanto ha molto appreso, cioè gli è stato insegnato.'

~~~

I due più grandi assassini

L'ignoranza e la povertà sono i più grandi assassini.

~~~

La medicina basata sull'evidenza

Res ipsa loquitur. [dal latino: 'Le cose parlano da sole.']

~~~

Evoluzione della conoscenza scientifica: lo sviluppo della verità.
Sir William Osler

~~~

Un dottore non cura il tifo, ma cura l'uomo con il tifo, ed è appunto l'uomo con tutte le sue peculiarità – le idiosincrasie del suo corpo - quello che dobbiamo considerare.
Sir William Osler

~~~

Visto che anche i migliori studi scientifici e clinici sono correlati in modo inesatto all'individuo, anche i clinici più informati e esperti devono confrontarsi con il problema della particolarizzazione con ogni paziente in ogni visita clinica. Questa è l'inestricabile incertezza della medicina.
Kathryn Montgomery, 'How doctors think'

Nonostante la solidità di base della scienza e la precisione della tecnologia, la medicina clinica rimane un'arte interpretativa. Il successo in medicina deve contare sulla capacità di discernimento clinico del medico. Non è né una scienza né una capacità tecnica (anche se usa tutte e due), ma l'abilità di capire come le regole generali – cioè i principi scientifici, le linee guida cliniche – si conformino al paziente come individuo unico. Questa, come disse Aristotele, è la *phronesis*, ovvero il ragionamento pratico.

Kathryn Montgomery, 'How doctors think'

~~~

[La medicina basata sull'evidenza] non è come una raccolta di ricette, né può rimpiazzare il giudizio clinico. [...] La medicina basata sull'evidenza copre la metà del problema della conoscenza clinica pratica, che ha anche bisogno di ricondurre al particolare il sapere generale. [...] I metodi della medicina basata sull'evidenza non danno risposte 'corrette', ma invece informazioni sulle quali basare il giudizio clinico. [...] Lo scopo della medicina [...] è come meglio curare l'individuo singolo. [...] La medicina basata sull'evidenza informa ma non rimpiazza il giudizio clinico.

Kathryn Montgomery, 'How doctors think'

~~~

La conoscenza clinica [...]: da una parte particolari impressi a fuoco vivo nella memoria individuale, dall'altra dati astratti riassunti in letteratura nelle tavole della ricerca.

Kathryn Montgomery, 'How doctors think'

~~~

[...Il] processo del ragionamento inizia dal basso verso l'alto [cioè dal paziente], ovvero in modo induttivo dai particolari, e poi gira tra le osservazioni singole e le regole generali, adattando i dettagli all'insieme e provando se i dettagli si associano alle conoscenze generali.

Kathryn Montgomery, 'How doctors think'

Il cervello del chirurgo è più importante delle sue mani.
Jerome Groopman, 'How doctors think'

~~~

Aspettati conseguenze negative quando ordini test non indicati.
Thomas Klein

~~~

La semplicità della scienza e della medicina

Una volta che [una malattia] è compresa sino in fondo – eziologia, diagnosi, terapia, e prognosi – la sua descrizione non prenderà più di una mezza paginetta nel libro di testo.
Kathryn Montgomery, 'How doctors think'

~~~

La causa

La causa – in medicina come in altri aspetti della vita – raramente è semplice e chiara. Lewis White Beck raccontò questa storiella per illustrarne la complessità.
Un ragazzino sta costruendo una torre con delle carte da gioco. Suo padre gli si siede vicino a leggere il giornale; la finestra è aperta; intanto la torre diventa sempre più alta. Sua madre entra nella stanza; il padre mette giù il giornale; le tende si gonfiano; il ragazzino alza la testa; la torre cade.
Quale la causa della caduta delle carte? Se fosse solo una – per esempio, se la torre cadesse ogni volta che viene aperta la porta – la causa sarebbe evidente. Ma la questione è ben più complicata. […] Non solo la caduta della torre può essere dipesa da una concatenazione di eventi, ma addirittura può essere determinante la sequenza temporale di questi eventi.
Kathryn Montgomery, 'How doctors think'

GIURAMENTO di IPPOCRATE

Giuro per Apollo medico e Asclepio e Igea e Panacea e per gli dei tutti e per tutte le dee, chiamandoli a testimoni, che eseguirò, secondo le forze e il mio giudizio, questo giuramento e questo impegno scritto: di stimare il mio maestro di questa arte come mio padre e di vivere insieme a lui e di soccorrerlo se ha bisogno e che considererò i suoi figli come fratelli e insegnerò quest'arte, se essi desiderano apprenderla; di rendere partecipi dei precetti e degli insegnamenti orali e di ogni altra dottrina i miei figli e i figli del mio maestro e gli allievi legati da un contratto e vincolati dal giuramento del medico, ma nessun altro.

Regolerò il tenore di vita per il bene dei malati secondo le mie forze e il mio giudizio, mi asterrò dal recar danno e offesa.

Non somministrerò ad alcuno, neppure se richiesto, un farmaco mortale, né suggerirò un tale consiglio; similmente a nessuna donna io darò un medicinale abortivo.

Con innocenza e purezza io custodirò la mia vita e la mia arte. Non opererò coloro che soffrono del male della pietra, ma mi rivolgerò a coloro che sono esperti di questa attività.

In qualsiasi casa andrò, io vi entrerò per il sollievo dei malati, e mi asterrò da ogni offesa e danno volontario, e fra l'altro da ogni azione corruttrice sul corpo delle donne e degli uomini, liberi e schiavi.

Ciò che io possa vedere o sentire durante il mio esercizio o anche fuori dell'esercizio sulla vita degli uomini, tacerò ciò che non è necessario sia divulgato, ritenendo come un segreto cose simili.

E a me, dunque, che adempio un tale giuramento e non lo calpesto, sia concesso di godere della vita e dell'arte, onorato dagli uomini tutti per sempre; mi accada il contrario se lo violo e se spergiuro.

Prevenire è meglio che curare

Il desiderio di interessarci di medicina è, forse, l'aspetto che più distingue l'uomo dall'animale. Come mai si sia sviluppato questo interesse, sia così cresciuto, e dove ci porterà, sono interessanti problemi di psicologia. […] Potremo prescrivere senza paura come indicati per ogni caso clinico un po' più di esercizio fisico, un po' meno cibo, un po' meno tabacco e alcol. [..] Voi, la gente, invece ve ne andate dietro ogni sorta di idoli, e vi deliziate di ricette mediche, dandovi alla mercè di quegli imbroglioni dei pubblicitari. Ma questa è la realtà di oggi. Il mondo è ancora nell'età della fanciullezza, ed essere creduloni è un'affascinante caratteristica di noi uomini.

Sir William Osler

~~~

Celebriamo i successi della medicina

Il futuro della professione non è mai apparso più promettente. Dovunque il medico è più preparato e equipaggiato di 25 anni fa. La malattia è compresa più a fondo, studiata più attentamente, e trattata con più competenza. La somma media della sofferenza umana si è ridotta tanto da far gioire gli angeli. Malattie patite dai nostri padri e dai nostri nonni sono scomparse, il tasso di mortalità provocata da altre va diminuendo, e precauzioni di salute pubblica hanno diminuito le sofferenze e migliorato le vite di milioni di persone.

Sir William Osler

La scienza e la medicina sono internazionali

Fra tutte le comunità a cui potrei appartenere, non ce n'è nessuna a cui vorrei appartenere di più di quella dei ricercatori veri, che ha sempre molto pochi membri.

Albert Einstein

~~~

La medicina è l'unica professione mondiale che segue dappertutto le stesse metodologie, che è motivata dalle stesse ambizioni, e che aspira agli stessi obbiettivi. Questa omogeneità, che è la sua principale caratteristica, non esiste né nella legge né nella religione, certamente non allo stesso livello.

Mentre in tempi antichi la legge rivaleggiava con la medicina, in essa legge non c'è quella straordinaria solidarietà che rende il medico come a casa sua in ogni nazione, in ogni luogo dove si riuniscano due o tre persone. Anche se simile nei suoi alti ideali e nella devozione ai suoi funzionari, la Chiesa Cristiana, anche se così diffusa, e intrisa degli istinti umanitari del suo fondatore, manca di quella cattolicità – *urbi et orbi* – che permette al medico di praticare la stessa arte in tutte le nazioni del mondo. [...] In poco più di un secolo, una professione unita, lavorando in molti territori, ha fatto molto più per la razza umana di qualunque altro gruppo di uomini in precedenza.

I suoi doni sono stati così grandi che quasi ne abbiamo dimenticato l'importanza. Vaccini, igiene, anestesia, chirurgia sterile, la nuova scienza della batteriologia, e nuove scoperte terapeutiche hanno rivoluzionato la nostra civiltà. [...]

Una rivoluzione che per la prima volta nella storia della povera e sofferente specie umana ci sta portando sempre più vicino all'agognato giorno in cui le malattie scompariranno, non ci saranno più morti prevenibili, non ci sarà più pianto e pena, e non ci sarà più dolore.

Sir William Osler

Giusta causa

Non c'è soddisfazione più grande per una persona per bene che il sapere che ha devoluto le sue migliori energie al servizio di una giusta causa.

Albert Einstein

~~~

Per sfuggire alla crudezza e monotonia del quotidiano [...] la natura ben temprata muore dalla voglia di evadere [...] nel mondo della percezione oggettiva e del pensiero.

Albert Einstein

~~~

[Il medico] è un uomo come gli altri. Ma quello che lo salva è la sua professione, questa professione di fare il dottore, nella quale, improvvisamente, in modo assoluto e brutale, l'imperativo categorico di diventare un eroe viene forzato ad un uomo che non vale più degli altri.

Maxence van der Meersch

~~~

Non è il *risultato* della ricerca scientifica che nobilita l'uomo e arrichisce il suo essere, ma lo *sforzo di comprendere* mentre si impegna in un lavoro intellettuale creativo e di larghe vedute.

Albert Einstein

ISTRUZIONE

L'istruzione è quello che rimane una volta dimenticato tutto quello che si è imparato a scuola.

Alan Bennett

~~~

L'unica tragedia che esiste al mondo è l'ignoranza: tutto il male viene da lì.

Anthony De Mello

~~~

L'investimento in sapere è quello che paga sempre i migliori dividendi.

Benjamin Franklin

~~~

Il sapere è potenza, il sapere è sicurezza, e il sapere è felicità.

Thomas Jefferson

~~~

Persino un'istruzione puramente accademica è direttamente legata a una vita migliore. Il raggiungimento di gradi più elevati di istruzione scolastica è correlato positivamente con il miglioramento della salute e il prolungamento della vita, e addirittura protegge dalla depressione. Provandosi a studiare le cause di questi effetti benefici dell'istruzione, gli scienziati hanno dedotto che gli individui più istruiti sono più consci dei fattori di rischio per la salute, sono maggiormente capaci di condurre stili di vita più sani, hanno un gran senso di responsabilità e di stima di se stessi, hanno maggiore capacità di risolvere problemi e maggiore capacità di sopravvivenza – tutti fattori che possono contribuire a una vita più felice e più sana.

Rudolph Giuliani, 'Leadership'

Più so, più so di non sapere.
Socrate

~~~

La curiosità è la fonte dell'intelligenza.
Gianna Bogana

~~~

L'essenza della pioggia è sempre uguale, ma fa nascere le spine nei rovi e i fiori nei giardini.
Anthony De Mello

~~~

La qualità dei tuoi studenti conta molto di più di quella dei tuoi colleghi.
James Watson

~~~

Non fa scienza senza lo ritenere lo havere inteso.
Dante Alighieri

~~~

Lunga è la strada dei sermoni; breve ed efficace è invece la strada degli esempi.
Seneca, 'Lettere a Lucilio'

~~~

Il saggio impara molto dai suoi nemici.
Aristofane, 'Gli uccelli'

~~~

Il concetto senza l'intuizione è vuoto;
l'intuizione senza il concetto è cieca.
Immanuel Kant

Voglio estrarre del granito di verità su cui i miei figli ancora non nati possano basarsi saldamente.

Barack Obama

~~~

Usa frasi ad effetto all'inizio dei tuoi capitoli [e delle tue lezioni].

James Watson

~~~

Acquisisci sapere. Ci guida verso la felicità; ci sostiene nella miseria; ci è di lustro con gli amici, e di difesa con i nemici.

Maometto

~~~

Il segreto per essere noiosi è raccontar tutto.

Voltaire

~~~

Quelli che sanno, non parlano; quelli che parlano, non sanno.

Antico proverbio orientale

~~~

Lo scopo quando si fa lezione è di essere almeno un po' di beneficio per la gente, e non di mettere in mostra il nostro nozionismo.

Rudolph Giuliani, 'Leadership'

~~~

Quando il saggio indica la luna, l'idiota vede solo il dito.

Antico proverbio orientale

~~~

L'insegnare stimola la tua mente a problemi sempre più grandi.

James Watson

Spesso quello che ci vuole non sono altre nozioni – ne siamo già inondati – ma un maggior controllo dei fatti che già si conoscono.
John Allen Paulos

~~~

Non è così importante che una persona impari tante cose. [...] Può impararle dai libri. Il valore dell'istruzione [...] non è il nozionismo, ma l'allenamento mentale a pensare quello che non si può apprendere dai libri.
Albert Einstein

~~~

Lo scopo [della scuola] deve essere l'educazione di individui che pensino con la propria testa e si comportino in modo indipendente, e che, comunque, vedano nel servizio alla comunità la più lodevole delle imprese.
Albert Einstein

~~~

È arte suprema dell'insegnante il saper infondere gioia nelle manifestazioni creative e nell'apprendere.
Albert Einstein

~~~

Far lezione non dev'essere per forza fatto sempre in modo serio.
James Watson

~~~

Dona ad un uomo un pesce, e lo sfamerai per un giorno;
insegnagli a pescare, e lo sfamerai per tutta la vita.
Proverbio cinese

~~~

I professori in gamba sanno aggiungere del valore, a volte molto valore, a materiale umano a prima vista scadente.

Solo tramite l'istruzione ci si rende conto della pochezza del proprio sapere, e solo con l'insegnamento ci si rende conto dei terribili limiti del sapere del prossimo.

Confucio

~~~

Sarebbe meglio iniziare ad insegnare al prossimo solo quando si è prima imparato qualcosa.

Albert Einstein

LIBRI

Questi sono amici che ci danno sempre il meglio di se stessi, che non ribattono mai, e sono sempre disponibili. Quando ci affideremo a loro per un po', ascoltando umilmente il loro racconto, ci solleveremo dai nostri affanni, e conosceremo la pace dei saggi.

John Little

~~~

Vedrai che la maggior parte dei libri che val la pena leggere meritano di essere riletti.

~~~

Non scrivo perché mi piace. Scrivo perché ne ho bisogno.
È come essere incinta. Devo partorire quello che ho dentro!

Gustave Flaubert

VITA

Gli alberi più alti sono i più esposti al vento.

~~~

La vita è tutto quello che avviene mentre si è impegnati in altri progetti.

Anthony De Mello

~~~

Queste verità non sono per tutti gli uomini, o per tutte le ere.

Voltaire

~~~

Dovendo scegliere se cambiare opinione o rimanenere della propria, ci si impegni più che altro sulle prove.

John Kenneth Galbraith

~~~

Due cose mi ispirano al sublime – il cielo stellato sopra di me e la legge morale in me.

Immanuel Kant

~~~

Se non si rischia mai la sconfitta, c'è poca chance di vittoria.

~~~

Chi ben comincia è a metà dell'opera.

~~~

Il nostro comportamento parla molti decibel più forte delle nostre parole.

Elisa Medhus

Il piacere del pensiero.

Albert Einstein

~~~

L'inferno sono gli altri.

Jean-Paul Sartre

~~~

La speranza può indurre in fallo.
Fa sì che il buon senso la controlli.

Baltasar Gracian, 'The art of worldly wisdom', 1637

~~~

A cosa di veramente importante bisogna aspirare nella vita?
All'amore per il lavoro, quel lavoro a cui ti dedichi per amore del
lavoro in sé; l'amore per l'allegria e l'intimità con la gente, non per
dipenderne, ma per godere della loro compagnia.
Dedicati ad attività a cui ti puoi dedicare integralmente, che ti
piacciono così tanto che il successo e l'approvazione esterne non
abbiano per te alcun valore.

Anthony De Mello

~~~

L'attesa diminuisce sempre le passioni mediocri e aumenta quelle
più grandi.

Dentro un 'Bacio Perugina'

~~~

Rispetta gli altri prima di pretenderlo da loro, tratta il prossimo
come vorresti trattasse te, ricordati dello scopo, sii di esempio, non
mollare.

V. Baker, in 'My life', di Bill Clinton

Regressione al punto medio: 'Il comportamento di solito migliora dopo la punizione e peggiora dopo l'elogio.'

Tversky e Kahneman

~~~

Mark Twain: 'Faceva così freddo che se il termometro fosse stato di un centimetro più lungo, saremmo morti assiderati'. Abbiamo paura del freddo, o del termometro? Che cos'è più importante, la realtà o quello che ci immaginiamo?

Anthony De Mello

~~~

Dovunque sei, lì c'è l'entrata.

Kabir

~~~

Siamo stati presenti all'avvenimento,
ma non ne abbiamo tratto esperienza.

Thomas Stearns Eliot

~~~

Chi dedica la vita soprattutto al soddisfare desideri personali prima o poi andrà incontro ad amari dispiaceri.

Albert Einstein

~~~

La vita dev'esser più del solo vivere.

Mahatma Gandhi

~~~

Un santo rimane tale fino a quando non si accorge di essere diventato santo.

Anthony De Mello

È per questo che siamo qui:
per servire ed essere caritatevoli.
Sostieni cause più grandi di te,
dona valore all'umanità durante il tuo passaggio.

~~~

La mente, serbatoio d'angoscia.
Sigmund Freud

~~~

Tutto quello che facciamo è per il nostro interesse. Tutto.
Anthony De Mello

~~~

Non è umano vivere per soddisfare le aspettative di terzi,
preoccupandoci di come siamo vestiti, come siamo pettinati,
assicurandoci che le nostre scarpe siano sempre lucide …
questo è umano?
Anthony De Mello

~~~

Non ho paura dei temporali, visto che mi serve ad imparare a
guidare meglio la mia barca.
Louisa May Alcott

~~~

Quello che mi aiuta ad andare avanti è che sono aperta al mondo, e
sento che tutto è possibile.
Anouk Aimee

~~~

Il mondo è una commedia per i pensatori, una tragedia per i
sentimentali.
Horace Walpole

Il miglior uso della vita è per uno scopo che duri più a lungo di essa.

William James

~~~

Quando impari a perdere,
diventa un'abitudine.

Vince Lombardi

~~~

Vivendo nella solitudine della campagna ci si accorge che la monotonia di una vita tranquilla stimola la creatività mentale.

~~~

Se senti che è sbagliato, non lo fare.

~~~

Ama tutti. Fidati di pochi. Non far male a nessuno.

William Shakespeare

~~~

Questi sono i miei principi.
Comunque, se non ti piacciono, ne ho degli altri.

Groucho Marx

~~~

Guru indiano: Ogni volta che mi fa visita una prostituta, mi parla sempre di Dio. Mi dice: "Sono stanca di quello che faccio, voglio Dio." Ma ogni volta che mi fa visita un prete, mi parla di sesso. La morale: si desidera quello che non si ha, quello a cui si è rinunciato.

Anthony De Mello

La vita deve essere vissuta andando avanti,
ma può essere compresa solo tornando indietro.

Søren Kierkegaard

~~~

Si conquista con la continuità.

George Matheson

~~~

Non è mai troppo tardi per diventare quello che si voleva
diventare.

George Eliot

~~~

Non sono preoccupato perché sei caduto – mi preoccupo che ti
rialzi.

Abraham Lincoln

~~~

Una persona che non ha mai commesso un errore
non ha mai provato niente di nuovo.

Albert Einstein

~~~

Studiare la cartina del percorso non potrà mai sostituire
completamente il dover fare esperienza un passo dopo l'altro.

Mary Caroline Richards

~~~

I guerrieri più potenti sono la pazienza e il tempo.

Lev Tolstoj

~~~

Le tue azioni esprimono le tue priorità.

Mahatma Gandhi

Se stai andando nella direzione giusta, quel che rimane da fare è continuare a camminare.

Proverbio buddista

~~~

Nel mondo la cosa importante non è dove sei, ma in che direzione stai andando.

Oliver Wendell Holmes

~~~

Quando dici 'mi dispiace', guarda negli occhi la persona.

~~~

Parla lentamente, ma pensa con rapidità.

~~~

Possiamo avere il Capriccio
come compagno,
ma dobbiamo seguire la Ragione
come guida.

Samuel Johnson, 1774

~~~

Per vivere veramente,
bisogna seguire uno scopo più grande di se stessi,
e vincere, o perdere, ma comunque tentarci.

Richard Nixon

~~~

La mente è un posto a parte,
dove il paradiso può essere trasformato in inferno,
e l'inferno in paradiso…

John Milton

Dobbiamo affrontare insormontabili opportunità.
Pogo (fumetto)

~~~

Vorrei che il corpo non fosse la tomba del mio animo.

~~~

L'uomo è l'essere che progetta di essere dio.
Jean-Paul Sartre

~~~

Il mondo è piccolo. È il cervello che è vasto.

~~~

Chaque homme porte la forme éntière de l'humaine condition.
[dal francese: 'Ogni uomo porta dentro di sé l'intera forma della condizione umana.']

~~~

Chi si abbassa al livello dei porci si alzerà tra le mosche.
Benjamin Franklin

~~~

Ogni tanto mi dimentico ch'io vivo.
Jacopo Ortis

~~~

Non pensare mai
    che sia difficile
pensa solo che può essere semplice
    se fatto in due
preoccupante se da solo.
    In bocca al lupo.
Annetta (Anna Berghella)

Quem mihi dabis qui aliquod pretium tempori ponat, qui diem aestimet, qui intellegat se cotidie mori? [dal Latino: 'Chi mi troverai che stabilisca un prezzo al tempo, che dia un valore al giorno, che capisca di morire ogni giorno?']
Seneca, 'Lettere a Lucilio'

~~~

La vita o è un'avventura audace o nulla.
Helen Adams Keller

~~~

Voglio vivere alla grande.

~~~

Desidero non tanto vivere a lungo quanto vivere bene.
Benjamin Franklin

~~~

Voglio solamente essere me.

~~~

[…] per succhiare il midollo dalla vita.
Dal film 'L'attimo fuggente'

~~~

Se consideri tutto a fondo,
vedrai che ci sono cose che sembrano virtuose,
che poi seguendo portano alla rovina;
e altre che sembrano viziose,
e seguendole portano a sicurezza e prosperità.
Machiavelli, 'Il principe'

~~~

In un corpo grasso
una mente solida scivola dappertutto.

Evita la 'paralisi decisionale', o la scelta consueta di non scegliere. Questa paura crea una popolazione di persone che non danno del loro meglio (temendo che le loro scelte finiscano in fallimento) e di persone perfezioniste (temendo che il fare altre scelte li renderà meno accettabili).

Elisa Medhus

~~~

...Molte paure nascono dalla stanchezza e dalla solitudine...
Sta attento...
Fa ogni sforzo necessario per essere felice.

~~~

Un augurio di cuore per un futuro
'che solo amore e luce ha per confine'.

Paolo Giansante, 1989

~~~

Non devo controllare il mio albero genealogico,
perché so di esserne la linfa.

Fred Allen

~~~

Se trovi una strada senza ostacoli,
probabilmente non ti condurrà da nessuna parte.

Frank A. Clark

~~~

La vita non è né bene né male,
ma solo un posto per il bene e per il male.

Marco Aurelio

~~~

La vita non si misura col numero di respiri presi,
ma col numero di momenti che ci hanno tolto il respiro.

Più irrefrenabile del passo di un possente esercito è un'idea di cui sia arrivata l'ora.

Victor Hugo

~~~

Siamo portati a credere agli sconosciuti visto che non ci hanno ancora ingannato mai.

Samuel Johnson

~~~

Chi cerca, trova.

~~~

Niente da temere tranne la paura.

Franklin D. Rooselvelt

~~~

Le cose migliori sono le più facili da credere.

Dal film 'Pretty Woman'

~~~

È vero, non sono un estroverso, non distribuisco baci e abbracci. D'altra parte, Giuda sembra che baciasse molto e non fosse un sentimentale.

Giulio Andreotti

~~~

Non c'è forza interiore simile alla pazienza,
e non c'è afflizione peggiore dell'odio.

Rudolph Giuliani, 'Leadership'

~~~

Non accanirti tanto, le cose migliori accadono quando meno te le aspetti.

Gabriel García Márquez

Ci sono tre tipi i uomini: quelli che vivono davanti al mare, quelli che si spingono dentro il mare, e quelli che dal mare riescono a tornare, vivi.

Alessandro Baricco

~~~

Ci sarà sempre chi ti critica, l'unica cosa da fare è continuare ad avere fiducia, stando attento a chi darai fiducia due volte.

Gabriel García Márquez

~~~

Tutto quello che accade, accade per una ragione.

~~~

Non riesci ad arrivare a tutto, far tutto, tutto da solo.

~~~

D'ogni verità
anche il contrario è vero!

Herman Hesse, 'Siddharta'

~~~

Per questo a me par buono tutto ciò che esiste, la vita come la morte, il peccato come la santità, l'intelligenza come la stoltezza, tutto dev'essere così, tutto richiede solamente il mio accordo, la mia buona volontà, la mia amorosa comprensione, e così per me tutto è bene, nulla mi può far male. Ho appreso, nell'anima e nel corpo, che avevo molto bisogno del peccato, avevo bisogno della voluttà, dell'ambizione, della vanità, e avevo bisogno della più ignominiosa disperazione, per imparare la rinuncia a resistere, per imparare ad amare il mondo, per smettere di confrontarlo con un certo mondo immaginato, desiderato da me, con una specie di perfezione da me escogitata, ma per lasciarlo, invece, così com'è, e amarlo e appartenergli con gioia.

Herman Hesse, 'Siddharta'

C'è qualcosa che non so
che dovrei sapere.
Non so cos'è che non so,
però dovrei saperlo,
e mi sento sembrar stupido
se faccio finta sia di saperlo
sia di non sapere cosa non so.
Quindi, fingo di saperlo.
Questo è snervante,
perché non so quello che devo pretendere di sapere.
Quindi pretendo di sapere tutto.
Sento che sai quello che dovrei sapere,
ma non me lo puoi dire
perché non sai che io non so cosa sia.
Può darsi che sai quello che non so,
ma non sai che io non so.
E io non posso dirtelo,
quindi mi dovrai dire tutto tu.

Ronald David Laing, 'Nodi'

ISTRUZIONI DI VITA, del *Dalai Lama*

- Tieni conto che i grandi amori e le grandi mete portano con sé un grande rischio.
- Se perdi, non perdere la lezione.
- Applica le tre 'R':
    - Rispetta te stesso
    - Rispetta gli altri
    - Sii Responsabile delle tue azioni.
- Ricorda che, a volte, non ottenere ciò che desideri è un meraviglioso colpo di fortuna.
- Impara le regole in modo che tu sappia non adempierle quando conviene.
- Non permettere che una piccola discussione offuschi una grande relazione.
- Quando ti rendi conto di aver commesso un errore, prendi immediatamente le misure necessarie per correggerlo.
- Passa un po' di tempo da solo tutti i giorni.
- Apri le tue braccia al cambiamento, ma non abbandonare i tuoi valori.
- Ricorda che, a volte, il silenzio è la migliore risposta.
- Vivi una buona vita onorata. Quando sarai vecchio e guarderai indietro, sarai capace di sfruttarla nuovamente.
- Un contorno di amore nella tua casa è la base della tua vita.
- Quando non sei d'accordo con le persone a cui vuoi bene, preoccupati unicamente della situazione attuale. Non riferirti a divergenze anteriori.
- Condividi le tue conoscenze. È la forma per ottenere l'immortalità.
- Sii buono con la Madre Terra.
- Una volta all'anno, visita un posto dove non sei mai stato prima.
- Ricorda che la migliore relazione è quella in cui il mutuo amore è maggiore che la mutua necessità.

- Giudica ciò che hai ottenuto in funzione di ciò a cui hai rinunciato per ottenerlo.
- Ama e cucina con passione.

REGOLE DI VITA, di *Bill Gates*

Regola #1: La vita è ingiusta – abituatici.

Regola #2: Il mondo non è interessato alla tua autostima. Il mondo si aspetta che tu realizzi qualcosa PRIMA che tu possa conseguire dell'autostima.

Regola #3: Non guadagnerai $40,000 all'anno appena uscito dalle superiori. Non diventerai vice-presidente con tanto di cellulare fino a quando non te li sarai guadagnati.

Regola #4: Se pensi che il tuo professore sia tosto, aspetta e vedrai come sarà il tuo boss.

Regola #5: Grigliare gli hamburger a Mac Donald non è al di sotto della tua dignità. I tuoi nonni usavano un'altra parola per 'grigliare gli hamburger' – la chiamavano 'opportunità'.

Regola #6: Se sbagli, non è colpa dei tuoi genitori, quindi non ti lamentare dei tuoi errori, ma cerca di trarne lezione.

Regola #7: Prima della tua nascita, i tuoi genitori non erano così noiosi come li vedi adesso. Ci sono diventati perché hanno dovuto pagare le tue spese, pulire i tuoi vestiti, starti a sentire quando ti dai le arie. Quindi prima di cercare di salvare la foresta amazzonica dai parassiti della generazione dei tuoi, cerca di spidocchiare l'armadio in camera tua.

Regola #8: Magari a scuola tua non c'è più chi vince e chi perde, ma nella vita sì. In alcune scuole hanno abolito le bocciature e ti danno quante possibilità tu voglia per arrivare alla risposta giusta. Tutto questo non rassomiglia neanche lontanamente alla realtà della vita.

Regola #9: La vita non è divisa in semestri. Non hai l'estate tutta libera, e pochi capi sono interessati a che tu trovi te stesso. Fallo da solo!

Regola #10: La televisione NON rappresenta la realtà della vita. Nella vita reale bisogna lasciare il bar e andare al lavoro.

Regola #11: Sii gentile con i secchioni. Può darsi che finirai a lavorare per uno di loro.

CONOSCI E SII TE STESSO

Γνῶθι σαυτόν. [dal Greco antico: 'Conosci te stesso.']
Iscrizione nel tempio di Apollo a Delfi

~~~

Penso che ciascuno di noi debba ricominciare da se stesso.

~~~

Ecco come definirei una persona che ha capito il significato della vita: una persona che non marcia più ai ritmi dettati dalla società, ma danza seguendo la musica che gli viene da dentro.
Anthony De Mello

~~~

È il dove andiamo, e quello che facciamo una volta arrivatici, che ci rivela chi siamo veramente.
Joyce Carol Oates

~~~

Non cambiare la tua identità, ma seguila.

~~~

Amarsi è l'inizio di un idillio lungo una vita.
Rupert Everett

~~~

Esiste solo un vero viaggio. Andare dentro se stessi.
Rainer Maria Rilke

~~~

Darsi le arie è un male minore del buttarsi giù.
William Shakespeare

Non bisogna pensar sempre a cosa uno debba fare, ma piuttosto a chi uno debba essere.

Meister Eckhart

~~~

Sii sempre la versione migliore di te stesso, invece che una peggior versione di qualcun altro.

Judy Garland

~~~

Siamo quello che pretendiamo di essere, quindi dobbiamo stare attenti a quello che pretendiamo di essere.

Kurt Vonnegut

~~~

Cerchiamo di dire la cosa giusta, indossare i vestiti giusti, avere le cose giuste, il giusto lavoro, lo status sociale giusto, gli amici giusti; tutto questo lo facciamo per essere popolari in società e sentirci approvati.

Elisa Medhus

~~~

Solo sperimentando molte nazioni, molti amici, molte situazioni, posso conoscermi meglio.

~~~

Fa solo quello che ti dice il cuore.

Principessa Diana

~~~

Cambia in una persona migliore e assicurati di sapere bene chi sei prima di conoscere qualcun altro e aspettarti che questa persona sappia chi sei.

Gabriel García Márquez

In interiore homine habitat veritas.
Sant'Agostino

~~~

Appena riuscirai a dire quello che pensi, e non quello che qualcun altro ha pensato di te, allora inizierai a essere un uomo in gamba.
James M. Barrie

CREDI IN TE STESSO

Sono una persona consapevole dei miei limiti,
ma anche sicura di non vivere in un mondo di giganti.
Giulio Andreotti

REALIZZA I TUOI SOGNI

Tra vent'anni, sarai scontento più di quello che non hai fatto che di tutto quello che hai fatto. Quindi, tira su l'ancora. Salpa via dalla sicurezza del porto. Vai col vento.
Mark Twain

~~~

Più desideri semini, più felicità raccogli.

~~~

È sciocco l'uomo che non cambia mai.
Auguste-Marseille Barthélemy, 1832

~~~

La paura e la mancanza d'immaginazione soffocano i tuoi sogni, con la conseguenza che tu sai già il giorno della tua nascita il posto esatto dove morirai e chi ti seppellirà.
Barack Obama

~~~

Fino a che le cercherai, troverai le risposte.
Joan Baez

~~~

Un sogno ad occhi aperti.

~~~

Volta gli occhi alle stelle mantenendo i piedi per terra.
Theodore Roosevelt

~~~

Quando stai cercando di raggiungere una stella,
la ricaduta può essere molto lunga.
Steve Martin, nel film 'Roxanne'

Sognare permette a ciascuno di noi di essere folli in modo sobrio e
sicuro tutte le notti della nostra vita.
Dr. William C. Dement

~~~

L'uomo è un mendicante quando pensa, ma è un dio quando sogna.
Friedrich Hoelderlin

~~~

La strada si divide in due,
e io ho preso quella meno frequentata.

~~~

La vita è strana: se accetti nient'altro che il meglio, spesso lo
ricevi.
William Somerset Maugham

~~~

Le navi sono al sicuro nel porto, ma non è per quello che sono state
costruite.
John Shedd

~~~

Il futuro appartiene a coloro che credono nella bellezza dei loro
sogni.
Eleanor Roosevelt

FELICITÀ

Il primo passo per la ricerca della felicità è il sapere. Ognuno di noi deve comprendere quali emozioni e azioni negative ci siano nocive e quali emozioni positive ci giovino. [...] Se vuoi arrivare alla felicità, devi scoprire i fattori che la causano, e se non vuoi arrivare al dolore, allora quello che devi fare è assicurarti che le cause e le condizioni che lo provocano vengano evitate.
È molto importante capire questi rapporti di causalità.
Rudolph Giuliani, 'Leadership'

~~~

Visto che la felicità non è certa nella vita,
cerchiamo di meritarcela.
Johann G. Fichte

~~~

Sei nato felice. Hai già la felicità. Come mai non ti senti felice?
Liberati delle tue illusioni, e troverai la felicità dentro te stesso.
Non devi cambiare niente intorno a te (come il tuo partner, il tuo capo, i tuoi nemici, ecc.). Le emozioni negative sono dentro di te.
Liberati di loro, i problemi sono solo nella tua mente. La realtà va bene così com'è. Il mondo è buono perché sono io buono e felice dentro.
Anthony De Mello

~~~

Sorridi, visto che non sai mai chi potrebbe innamorarsi del tuo sorriso.

~~~

Sorridi: contamina gli altri di felicità.

Un professore di filosofia, in piedi davanti alla sua classe, prese un grosso vasetto di marmellata vuoto e cominciò a riempirlo con dei sassi, di circa 3 cm. di diametro. Una volta fatto chiese agli studenti se il contenitore fosse pieno ed essi risposero di sì. Allora il Professore tirò fuori una scatola piena di piselli, li versò dentro il vasetto e lo scosse delicatamente. Ovviamente i piselli si infilarono nei vuoti lasciati tra i vari sassi. Ancora una volta il Professore chiese agli studenti se il vasetto fosse pieno ed essi, ancora una volta, dissero di sì.

Allora il Professore tirò fuori una scatola piena di sabbia e la versò dentro il vasetto. Ovviamente la sabbia riempì ogni altro spazio vuoto lasciato e coprì tutto.

Ancora una volta il Professore chiese agli studenti se il vasetto fosse pieno e questa volta essi risposero di sì, senza dubbio alcuno. Allora il Professore tirò fuori, da sotto la scrivania, 2 lattine di birra e le versò completamente dentro il vasetto, inzuppando la sabbia.

Gli studenti risero.

"Ora," disse il Professore non appena svanirono le risate, "voglio che voi capiate che questo vasetto rappresenta la vostra vita. I sassi sono le cose importanti - la vostra famiglia, i vostri amici, la vostra salute, i vostri figli - le cose per le quali se tutto il resto fosse perso, la vostra vita sarebbe ancora piena. I piselli sono le altre cose per voi importanti: come il vostro lavoro, la vostra casa, la vostra auto.

La sabbia è tutto il resto......le piccole cose."

"Se mettete dentro il vasetto per prima la sabbia," continuò il Professore, "non ci sarebbe spazio per i piselli e per i sassi. Lo stesso vale per la vostra vita. Se dedicate tutto il vostro tempo e le vostre energie alle piccole cose, non avrete spazio per le cose che per voi sono importanti. Dedicatevi alle cose che vi rendono felici: giocate con i vostri figli, portate il vostro partner al cinema, uscite con gli amici. Ci sarà sempre tempo per lavorare, pulire la casa, lavare l'auto. Prendetevi cura dei sassi per prima - le cose che veramente contano.

Fissate le vostre priorità...il resto è solo sabbia."

Una studentessa allora alzò la mano e chiese al Professore cosa rappresentasse a birra.

Il Professore sorrise.

"Sono contento che me l'abbia chiesto. Era giusto per dimostrarvi che non importa quanto piena possa essere la vostra vita, perché c'è sempre spazio per un paio di birre."

CARPE DIEM

Carpe diem. [dal latino: 'Cogli l'attimo.']
Orazio

~~~

Ieri è storia.
Domani è mistero.
Oggi è un dono.
Questo è il perché lo si chiama presente.
Eleanor Roosevelt

POESIA

IL TICCHETTIO DELLA PIOGGIA

Hai mai ascoltato il ticchettio della pioggia?
Qualche volta hai seguito il volo di una farfalla?
O osservato il tramontare del sole?
Fermati.
Non ballare in fretta.
Il tempo è poco.
La musica non durerà a lungo.

Vivi ogni giorno sempre di corsa?
Quando ti domandi chi sei, ascolti la tua risposta?
Quando il giorno finisce e ti sdrai sul tuo letto,
ti assilli con mille pensieri?
Fermati.
Non ballare in fretta.
Il tempo è poco.
La musica non durerà a lungo.

Le tue giornate passano freneticamente?
Qualche volta hai detto al tuo bambino
"lo faremo domani" e nella tua apatia
non hai visto la sua tristezza?
Qualche volta per mancanza di tatto hai
lasciato che un caro amico morisse
senza averlo chiamato per dirgli "ciao"?
Fermati.
Non ballare in fretta.
Il tempo è poco.
La musica non durerà a lungo.

Quando corri troppo in fretta per
raggiungere qualsiasi luogo,
ti perdi la metà del divertimento per arrivarci.
Se sei preoccupato, se corri per tutto il giorno,
è come se gettassi la tua vita nel cestino.
La vita non è una corsa,
ma va vissuta e assaporata con calma.
Ascolta la musica prima che la canzone finisca.

Ragazzina malata terminale al New York Hospital

RIMANI GIOVANE

Le idee veramente nuove emergono solo in giovinezza. Col passare del tempo si diventa più ricchi di esperienza, famosi – e sciocchi.
Albert Einstein

~~~

Giunti a metà della propria vita, la maggior parte di noi è diventata brava a scappare da se stessi.
John W. Gardner

~~~

C'è un bambino dentro ogni uomo, indipendentemente dall'età.
Mitch Albom, 'The 5 people you meet in heaven'

~~~

Indipendentemente da ciò che succede, mantieni la tua innocenza infantile; è la cosa più importante.

SAGGEZZA

La saggezza non è il prodotto dell'istruzione ma del tentativo continuo di acquisirla.
Albert Einstein

~~~

Pensa come un uomo d'azione, agisci come un uomo di pensiero.
Henri Bergson

~~~

La forma più grande di saggezza è la gentilezza.
Talmud

~~~

Prima di sparare, pensa!
Fabrizio Moro

~~~

L'antenato di ogni azione è il pensiero.
Ralph Waldo Emerson

~~~

Domina la tua mente, altrimenti lei dominerà te.
Orazio

~~~

Essere serio non è di solito segno di saggezza, come pensano le persone noiose: l'intelligenza deve far ridere le persone.
Fernando Savater

~~~

Interessato a grandi cose,
e felice di piccole.

Dio concedimi la serenità di accettare le cose che non posso cambiare, il coraggio di cambiare le cose che posso, e la saggezza di capire la differenza.

Reinhold Niebuhr

~~~

La scienza si può comunicare,
la saggezza no.

Herman Hesse, 'Siddharta'

~~~

Per conoscere la strada davanti,
chiedi a chi sta tornando indietro.

Proverbio cinese

INTELLIGENZA

I livelli dell'intelligenza sono 'Sveglio, Intelligente, Brillante, Geniale, Semplice.'
Albert Einstein

~~~

Intelligenti pauca.
[dal latino: 'All'intelligente, poche parole.']

~~~

È meglio tenere la bocca chiusa e lasciar che gli altri pensino che non sai niente, piuttosto che aprirla e togliere ogni dubbio.
Mark Twain

~~~

Sono infastidito dalla stupidità, ma ancor più dalla pigrizia.

MANTIENI LA CALMA

Mi sono arrabbiato, e questo è sempre un errore.
Bill Clinton

~~~

Non mi faccio vedere mai quando sono arrabbiato,
perché provo il sottile piacere di non darla vinta all'avversario.
Giulio Andreotti

PAZIENZA

Le montagne si spostano spalando prima i piccoli sassi.

VERITÀ

L'impegno di combattere per la verità deve precedere tutti gli altri impegni.

Albert Einstein

~~~

La verità vi renderà liberi.

Dal Vangelo secondo Giovanni, 8:32

~~~

L'avversità è il primo sentiero per la verità.

Lord Byron

~~~

La verità verrà fuori.

~~~

La verità abita in ogni cuore umano, e bisogna cercarla lì e farsi guidare da lei quando la si vede. Ma nessuno ha il diritto di costringere gli altri ad agire secondo la sua visione della verità.

Mahatma Gandhi

PERFEZIONE

La perfezione è la nemica del bene.
Gustave Flaubert

~~~

La perfezione è un'illusione.

~~~

Solo i mediocri sono sempre al loro meglio.
Jean Giraudoux

~~~

Difetti ed imperfezioni sono parte del look d'insieme desiderato.
David Wenger

GIUSTIZIA

Ricambia il bene col bene, e il male con la giustizia.
Confucio

~~~

Dietro ogni grande ricchezza
c'è un crimine.
Honoré de Balzac

IL LATO POSITIVO DELLE AVVERSITÀ

Le belle esperienze rendono la vita piacevole, ma non ti aiutano a crescere.
Le esperienze che ti fanno crescere sono quelle più dolorose.
La sofferenza individua una parte di te che non è ancora cresciuta, e la fa crescere.

Anthony De Mello

~~~

L'avversità rivela l'ingegno. Il benessere lo nasconde.

Orazio

~~~

Essere messi alla prova è un bene. Una vita piena di sfide è il miglior terapeuta.

Gail Sheehy

~~~

Ciò che non ci uccide ci rende più forti.

Friedrich Nietzsche

~~~

Il rifiuto di accettare la sofferenza come parte naturale della vita può farci credere di essere continuamente vittime, e fa sì che accusiamo gli altri per i nostri problemi – una ricetta infallibile per una vita infelice.
Se soffri o no dipende da come rispondi alle circostanze che ti capitano.

Rudolph Giuliani, 'Leadership'

~~~

Ogni problema è una potenziale e mal celata opportunità.

Jason K. Baxter

Potremo imbatterci in molte sconfitte, ma non dobbiamo farci sconfiggere.

Maya Angelou

~~~

Quando la vita ti abbatte, cerca di atterrare sulla schiena.
Perché se puoi guardare sù, puoi tirarti sù.

Les Brown

~~~

Il carattere non lo si forgia durante una crisi; lo si dimostra.

Mark Twain

~~~

Più scura è la notte, più dolce è la vittoria.

Bill Clinton

~~~

Quando si chiude una porta si apre un portone.

Dal film 'The sound of music'

~~~

Ricorda che il più grande amore, come i maggiori successi, comporta i maggiori rischi.

~~~

Le persone buone sono buone perché sono arrivate alla saggezza attraverso il fallimento.

William Saroyan

~~~

Non piangere perché qualcosa finisce, sorridi perché è accaduta.

Gabriel García Márquez

Non bisogna avere paura di essere feriti. Il mondo è pieno di cose dolorose e solo affrontandole possiamo diventare forti e coraggiosi. [...] Tu sai quanto io voglio [...] che tu sia coraggioso nella mente e nel corpo. Ci sono milioni di persone nel mondo, ma la maggior parte di esse si lascia andare, spaventata dalla morte e ancor più spaventata dalla vita.

Indira Gandhi, in una lettera al figlio undicenne, Rajiv

OTTIMISMO

È difficile dire cosa è impossibile, dato che il sogno di ieri è la speranza di oggi e la realtà di domani.
Robert H. Goddard

~~~

Dietro ogni nuvola c'è il sole.
Beppe Severgnini

~~~

Non può piovere sempre.
Gianna Bogana

ALTRUISMO

Chi desidera assicurare il bene degli altri
si è già assicurato il proprio.

Confucio

~~~

L'amore non è un sentimento, figliolo, e neanche la passione degli
amanti, che cerca sempre la propria gratificazione. È l'atto di
misericordia, di generosità, l'atto di proteggere il debole,
l'indifeso, l'emarginato e il disperato. Amore è la mano alzata per
proteggere. Non puoi amare ed avere le mani pulite.

Patricia Duncker, 'The doctor'

~~~

L'inferno è capire che non siamo stati d'aiuto quando avremmo
potuto farlo.

~~~

Rancore per nessuno;
carità per tutti.

Abraham Lincoln

SEMPLICITÀ

Non per avere ciò che vogliamo,
ma per apprezzare ciò che abbiamo.
Dalai Lama

~~~

Non focalizzarti sulle cose che non hai. Se riesci a farlo, troverai la
felicità. In questo preciso istante hai tutto ciò di cui hai bisogno per
essere felice.
Anthony De Mello

~~~

Avidità: anche dopo aver ottenuto l'oggetto del tuo desiderio, non
sei soddisfatto.
Dalai Lama

~~~

È piacevole sperimentare cose belle e costose, come un bel hotel,
purché una volta ogni tanto. È pericoloso abituarsi, e pretendere, il
lusso.

FAMIGLIA

Cos'è la famiglia? È solo una catena genetica, genitori e prole, gente come me? O è un concetto sociale, un'unità economica ottimale per allevare ed educare i figli e dividersi compiti e mansioni? Oppure è qualcosa di totalmente diverso, come un bagaglio di memorie condivise? Un luogo d'amore? Uno slancio verso il vuoto?

Barack Obama

~~~

La tua casa è dov'è la tua famiglia.

~~~

Quello che si definisce 'me stesso' è solo un conglomerato delle esperienze passate, di condizionamenti e pianificazioni. Ci si potrebbe sezionare pezzo a pezzo e chiedersi: "Allora questo viene da papà, questo da mamma, questo dalla nonna, questo dal nonno, da chi?"

Anthony De Mello

~~~

Gli estranei sono solo familiari che devi ancora conoscere.

Mitch Albom, 'The 5 people you meet in heaven'

~~~

Fai una lista di tutte le persone la cui morte veramente ti devasterebbe. C'è un'elevata probabilità che ti ritrovi con circa 12 nomi.

Malcolm Gladwell, 'The Tipping Point'

Quando sei giù perche è Natale e non sai dove andare, quando la ragazza ti ha lasciato e il tuo lavoro fa schifo, quando hai un problema che vuoi che gli altri capiscano senza bisogno che glielo spieghi, quando il tuo sogno è un piatto di spaghetti, un bicchiere di vino ed una pacca sulla spalla, allora hip hip hurrà per la famiglia, che è lì per te.

Priscilla Rattazzi, in 'Dinastie', di Enzo Biagi

~~~

Le cose che contano, nella vita, sono quelle che uno si guadagna.
I genitori non sono datori di lavoro, o dispensatori di soldi, di eredità. Sono datori di educazione, affetto, buoni principi, amore. I figli non si proteggono con i soldi, ma con il buon esempio.

FIGLI

Nei tuoi figli vedi manifestarsi aspetti nascosti di te stesso.

~~~

I genitori si chiedono perché l'acqua del ruscello è amara, quando sono stati proprio loro ad inquinare la sorgente.
John Locke

~~~

Non educare i tuoi figli a farsi influenzare dall'esterno, ma dall'interno.
Elisa Medhus

~~~

Il modo migliore per rendere bravi i figli è renderli felici.
Oscar Wilde

~~~

Tutti i genitori danneggiano i propri figli. È inevitabile.
Mitch Albom, 'The 5 people you meet in heaven'

~~~

I ragazzi e i loro padri non hanno sempre molto da dirsi l'un l'altro a meno che e solo nel momento in cui si fidano l'uno dell'altro.
Barack Obama

~~~

Il segno che un bambino sta male è che sta sempre attaccato ai suoi genitori, che è interessato alle persone. Il bambino sano è interessato alle cose. Quando un bambino è certo dell'amore di sua madre, la dimentica e va ad esplorare il mondo, è curioso.
Alexander Sutherland Neill

Era difficile percepire la sua intelligenza perché non la manifestava, oppresso forse dal mito del padre. Le grandi personalità non dovrebbero avere bambini.

Indro Montanelli

~~~

Un bambino tratta gli altri come gli altri l'hanno trattato.

Anthony De Mello

~~~

Non lodare i tuoi i bambini quando vincono stelle, trofei, medaglie o giochi o ottengono buoni voti. Questi sono futili fattori esterni.
Loda i tuoi bambini per le azioni che li portano a vincere stelle, trofei, medaglie, giochi o buoni voti. Dirgli per esempio: "Questi 8 e 9 rappresentano tanto lavoro e determinazione da parte tua. Ne sarai così fiero" sposta l'attenzione sull'impegno del bambino così che lui o lei possano riflettere e capire il rapporto tra l'impegno e il risultato.

Elisa Medhus

AMORE

Il vero amore, ho imparato, è una forma molto, molto forte di perdono. Non penso che la gente desideri l'amore perché odia stare a casa da sola al sabato sera o perché non vuole andare al ristorante da sola. La gente desidera l'amore perché vuole che gli si perdonino gli occhiali mezzi rotti o i cinque chili in più. Vuole qualcuno che guardi al di là del superficiale, tipo i capelli spettinati, una risata pacchiana o il rumore delle patatine schiacciate nel sedersi.

Lois Smith Brady

~~~

Chi vuole più bene:
chi te lo dice
o chi te lo dimostra con i fatti?

~~~

Moglie felice,
   vita felice.

~~~

Il mito di Aristofane, cioè l'origine dell'amore sessuale:
i primi abitanti della terra erano creature tonde con 4 mani e 4 piedi che creavano un circolo con le loro schiene e fianchi. Questi esseri autonomi e asessuati erano molto arroganti e spesso attaccavano gli dei. Per punirli, Zeus gli scagliò dei fulmini e li divise in due. Ciascuna creatura ora era due, con ogni metà desiderosa di ricongiungersi con l'altra sua metà.

Platone, 'Simposio'

~~~

È un dono vivere la tua vita con una persona che ami che è più saggia di te.

Jerome Groopman, 'How doctors think'

Quando si è innamorati, si comincia sempre ingannando se stessi e si finisce sempre ingannando gli altri. È quello che il mondo chiama idillio sentimentale.

Oscar Wilde

~~~

Un buco nel cuore...
Io senza di te…
Uno scherzo non è...

Claudio Baglioni

~~~

Dona amore e bontà agli altri, non aspettandoti niente in cambio.

Elisa Medhus

~~~

L'amore si dimostra con le azioni; più ci costano, maggiore è la prova del nostro amore.

Madre Teresa di Calcutta

~~~

L'amore, o Govinda, mi sembra di tutte la cosa principale. Penetrare il mondo, spiegarlo, disprezzarlo può essere l'opera dei grandi filosofi. Ma a me importa solo di poter amare il mondo, non disprezzarlo, non odiare il mondo e me; a me importa solo di poter considerare il mondo, e me e tutti gli esseri, con amore, ammirazione e rispetto....

Hermann Hesse, 'Siddharta'

~~~

Irresistibile bisogno d'amare.

~~~

La differenza tra voler bene ed amare è che se vuoi bene a qualcuno puoi farne a meno, se ami non puoi vivere senza.

Se l'amore persiste significa che c'è amicizia. Cos'è l'amicizia? È intimità, è dirsi tutto. È assoluta fiducia nell'altro, è dire a se stessi: "Non mi tradirà."

Johann Wolfgang von Goethe

~~~

Nel tuo inconscio hai un'immagine di un certo tipo di persona che ti attrae. Quando incontri questo tipo di persona, ti innamori. Ma innamorarsi non ha niente a che fare con il vero amore. Il vero amore richiede molto tempo e comprensione. Dicono che l'amore è cieco. L'amore può vedere molto bene, infatti ha la migliore capacità al mondo di vedere i più piccoli dettagli del tuo consorte.

Anthony De Mello

~~~

Io devo amare qualcuno. Altrimenti [la vita] sarebbe un'esperienza miserabile. E quel qualcuno sei tu.

Albert Einstein

~~~

L'amore che dura più a lungo è l'amore mai corrisposto.

William Somerset Maugham

~~~

Non si è mai innamorati di qualcuno. Si è semplicemente innamorati dell'idea che ci si è costruiti attorno ad un'altra persona, un'idea sviluppata precedentemente e basata sulla speranza.

Anthony De Mello

~~~

Nessuno ha mai avuto la testa perfettamente sulle spalle.
Trova la donna che ti rimetta la testa sulle spalle.

Odi et amo. Quare id faciam, fortasse requiris.
Nescio, sed fieri sentio et excrucior.
[dal latino: 'Odio e amo. Forse chiederai perché faccio questo.
Non lo so, ma sento che così accade e me ne tormento.']
Catullo

~~~

Dio ha creato l'uomo e si è riposato, ha creato la donna e non ha
avuto più pace, nè lui nè gli uomini.

~~~

È sempre più facile amare il debole che il forte; il forte non ha
bisogno del nostro amore, e istintivamente cerchiamo difetti nella
sua irritante perfezione; ogni statua è una provocazione.
John Little

~~~

Ti amo non per chi sei, ma per chi sono io quando sono con te.
Gabriel García Márquez

~~~

Nessuna persona merita le tue lacrime, e chi le merita sicuramente
non ti farà piangere.
Gabriel García Márquez

~~~

La parte migliore di me la devo a lei.
Barack Obama

~~~

Il fatto che una persona non ti ami come tu vorresti non vuol dire
che non ti ami con tutta se stessa.
Gabriel García Márquez

Il peggior modo di sentire la mancanza di qualcuno è esserci
seduto accanto e sapere che non l'avrai mai.
Gabriel García Márquez

~~~

La cosa incredibile è che
quando la guardi negli occhi,
e lei ricambia lo sguardo,
niente più ti sembra normale,
perché ti senti debole
e forte allo stesso tempo,
sei eccitato e allo stesso tempo spaventato.
La verità è che non sai come ti senti,
ma sai che tipo di uomo vuoi diventare.
È come se avessi raggiunto l'irraggiungibile,
e non te l'aspettassi.

~~~

C'è una sola donna che mi fa sentire più di quello che sono.

~~~

Non smettere mai di sorridere, nemmeno quando sei triste, perché
non sai chi potrebbe innamorarsi del tuo sorriso.
Gabriel García Márquez

~~~

Forse per il mondo sei solo una persona, ma per qualche persona
sei tutto il mondo.
Gabriel García Márquez

~~~

Esiste un solo tipo di amore, ma ci sono migliaia di imitazioni.
François de La Rochefoucauld

L'amore è un atto di fede, chi ha poca fede ha anche poco amore.

Erich Fromm

~~~

Solo con il cuore una persona può realmente vedere che l'essenziale è invisibile agli occhi.

Antoine de Saint Exupéry, in 'Il piccolo Principe'

~~~

Non passare il tempo con qualcuno che non sia disposto a passarlo con te.

Gabriel García Márquez

~~~

Forse Dio vuole che tu conosca molte persone sbagliate prima di conoscere la persona giusta, in modo che, quando finalmente la conoscerai, tu sappia essere grato.

Gabriel García Márquez

~~~

Molti si sono innamorati di una ragazza in posti poco illuminati, in posti in cui non sarebbero stati in grado neanche di scegliere un vestito.

Gabriel García Márquez

~~~

Bacio: giuramento nello spazio di un silenzio.

~~~

Dovunque siamo assieme, quella è la mia casa.

~~~

L'amore, come l'essere umano,
muore più spesso di indigestione che di fame.

Nell'animo:
　　La cosa più importante – la felicità
　　La più insignificante – l'insicurezza
　　La più brutta – la solitudine
　　La più meravigliosa – l'amore
　　　　　　Anna Berghella

　　　　　～～～

Gli uomini non seducono;
le donne scelgono.

　　　　　～～～

Un uomo non può scegliere di nascere,
ma può scegliere il suo compagno di vita.
　　　　　　Mandragola

　　　　　～～～

Quando finalmente trovi la persona con cui vuoi passare il resto
della tua vita,
vuoi che il resto della tua vita inizi il prima possibile.
　　　　　Dal film 'When Harry met Sally'

　　　　　～～～

A una donna nuda sul letto:
rivestiti e fai resistenza.

　　　　　～～～

La donna inizia resistendo alle avances dell'uomo,
e finisce bloccando la sua ritirata.
　　　　　　Oscar Wilde

　　　　　～～～

Il problema dei tuoi rapporti sentimentali non sono le tue ragazze...
sei tu.
　　　　　　Tonino Testa

AMICIZIA

Se ti separi da un tuo amico
non ti dispiacere,
poiché la sua assenza metterà in luce
quello che in lui ami di più.
Paolo Giansante

~~~

A che serve l'amicizia?
A non rompere [le palle] agli amici
Antonello Lavalle

~~~

Un vero amico è chi ti prende per la mano e ti tocca il cuore.
Gabriel García Márquez

~~~

Perdona i tuoi nemici,
ma non dimenticare mai il loro nome.
John Fitzgerald Kennedy

~~~

Una gioia non condivisa è una candela non accesa.
Proverbio spagnolo

RIDERE È LA MIGLIORE MEDICINA

Signori, perché non ridete? Con la terribile tensione che ho
addosso giorno e notte, se non ridessi morirei, e a voi questa
medicina serve quanto a me.
Abraham Lincoln

~~~

Una risata è la distanza più breve tra due persone.
Victor Borge

~~~

Le persone non smettono di giocare perché invecchiano.
Invecchiano perché smettono di giocare.
Oliver Wendell Holmes

~~~

La vita è troppo seria per essere presa seriamente.
Oscar Wilde

~~~

Sembrare uno sciocco è il segreto dell'uomo saggio
Edgar Allan Poe (visto al Café Regio, New York)

~~~

Su tutto ciò che vale la pena prendere seriamente vale la pena
scherzare.
Tom Lehrer

POLITICA

I due ideali più basilari della politica – libertà ed uguaglianza – sono, nella loro forma più pura, incompatibili.
John Allen Paulos, 'Un matematico legge il giornale'

~~~

Non puoi portare prosperità disincentivando il risparmio. Non puoi aiutare il salariato penalizzando i datori di lavoro. Non puoi incoraggiare la fratellanza tra gli uomini favorendo la lotta di classe. Non puoi aiutare i poveri distruggendo i ricchi. Non puoi tenerti fuori dai guai spendendo più di quello che guadagni. Non puoi costruire carattere e coraggio prendendo l'iniziativa per un altro uomo. Non puoi aiutare gli uomini facendo sistematicamente per loro ciò che potrebbero e dovrebbero fare da soli.
Abraham Lincoln

~~~

Tristi, desolanti storie di vita, che nei secoli hanno visto il coraggio confuso con l'afferrare le armi, e la codardia confusa col deporle.
Mitch Albom, 'The 5 people you meet in heaven'

PACE

Io credo che uccidere una creatura umana in guerra non sia differente da un comune omicidio.

Albert Einstein

~~~

Tutti gli esseri umani sono per più del 99.9% simili geneticamente. [...] Penso a tutto il sangue che è stato versato e a tutte le energie che sono state sprecate dalla gente ossessionata dal tenerci divisi sulla base di quello 0,1%.

E. Lander, in 'My life', di Bill Clinton

~~~

Se la civiltà deve sopravvivere, dobbiamo coltivare la scienza delle relazioni umane – l'abilità di tutte le persone, di ogni tipo, di vivere insieme, in pace nello stesso mondo.

Franklin Delano Roosevelt

~~~

Più un paese costruisce armi militari, più diventa insicuro: se hai le armi, diventi un bersaglio da attaccare.

Albert Einstein

~~~

Non c'è altra salvezza per la civiltà e anche per la razza umana che la creazione di un governo mondiale, con la sicurezza delle nazioni basata sulla legge. Fino a quando ci saranno Stati sovrani con i loro armamenti separati e i loro segreti militari, nuove guerre mondiali non potranno essere evitate.

Albert Einstein

Pace: non significa essere in un posto dove non ci sono rumori, non ci sono problemi o dove non c'è da lavorare duro. Significa essere nel mezzo di tutte queste cose ed essere ancora sereno in cuor proprio.

~~~

Il mondo è minacciato più da quelli che tollerano la malvagità o la sostengono, che dagli stessi malvagi.

Albert Einstein

SUCCESSO

Sei tu a definire cosa rappresenta 'aver successo' per te stesso.

~~~

La vera gloria di un vincitore è essere misericordioso.
Vincenzo Cuoco, 1799

~~~

Ero solito giudicare il successo di una persona sulla base della sua abbronzatura. Che errore, l'abbronzatura è solo precursore del cancro....

~~~

Il successo generalmente arriva a quelli che sono troppo impegnati per starlo a cercare.
Henry David Thoreau

~~~

Il successo è gratificazione, autostima, gratificazione.

~~~

I soli soldi che contano nella vita sono quelli che ti sei guadagnato.

~~~

Dentro di noi sappiamo che la cosa importante nella vita va oltre il vincere per se stessi. La cosa importante in questa vita è aiutare gli altri a vincere, anche se comporta rallentare e cambiare la corsa.
Gianna Bogana

SPORT

A bola è fundamental para ALEGRIA general.
[dal portogese: 'Il pallone è essenziale per l'allegria generale.']
Biu Brujin

~~~

Quando mia sorella, una devota giocatrice di tennis, perde una partita, dice: "Non ho perso. Mi è solo scaduto il tempo prima di trovare la soluzione."
Elisa Medhus

~~~

Mens sana in corpore sano.
Giovenale, "Satire"

RELIGIONE

Il mio senso di Dio
è la mia sensazione di meraviglia di fronte al mondo.
Albert Einstein

~~~

Mentre molte persone provano a sintonizzarsi con l'infinito, in
realtà sono sintonizzate con l'indefinito.
Eric Butterworth

~~~

Prendi tutto quello che Lui ti dà e dà tutto ciò che Lui prende con
un grande sorriso.
Madre Teresa di Calcutta

~~~

Quando faccio il bene, mi sento bene.
Quando faccio il male, mi sento male, e questa è la mia religione.
Abraham Lincoln

~~~

Se si cerca di penetrare con i nostri limitati mezzi i segreti della
natura, si scopre che, dietro a tutte le percepibili concatenazioni,
rimane qualcosa di sottile, intangibile ed inspiegabile. La
venerazione di questa energia, che sta dietro a tutte le cose che
possiamo comprendere, è la mia religione. Se considero tutto
questo, sono di fatto religioso.
Albert Einstein

~~~

Devi permettere a Gesù di renderti pane per essere mangiato da
tutti quelli che incontri. Lascia che la gente si nutra di te.
Madre Teresa di Calcutta

Considero Dio come fosse il mio migliore amico.
Un amico che puoi sempre chiamare.
Un amico che non ti abbandonerà mai.
Un amico che offre saggezza e risorse senza far domande.
Un amico con cui puoi scambiare idee con completa fiducia nella sua integrità.
Un amico a cui puoi rivelare i tuoi sentimenti senza paura che possa sfruttare la tua vulnerabilità.

Jerome Groopman, 'How doctors think'

~~~

La vera natura delle cose, quella non la scopriremo mai, mai.

Albert Einstein

~~~

La scienza senza la religione è zoppa,
la religione senza la scienza è cieca.

Albert Einstein

~~~

Molto spesso mi sento come una piccola matita nelle mani di Dio. Lui fa lo scrittore, Lui fa il pensatore, Lui fa il movimento, io devo solo essere la matita.

Madre Teresa di Calcutta

~~~

Sarebbe possibile spiegare ogni cosa scientificamente, ma non avrebbe senso. Sarebbe una descrizione senza significato - come se descrivessi una sinfonia di Beethoven come variazioni di pressione d'onde sonore.

Albert Einstein

Quando Dio prende qualcosa dalle tue mani, non ti sta punendo, ma sta soltanto aprendo le tue mani per ricevere qualcosa di meglio.

~~~

Il volere di Dio non ti porterà mai dove la grazia di Dio non potrà proteggerti.

VIAGGIARE

I viaggi danno una grande apertura mentale: si esce dal cerchio dei pregiudizi del proprio paese e non si è disposti a farsi carico di quelli stranieri.

Charles de Montesquieu

~~~

Il mondo è un libro, e quelli che non viaggiano ne leggono una sola pagina.

Sant'Agostino

~~~

Il giorno che smetterai di viaggiare, sarai arrivato.

Detto giapponese

Quarantacinque motivi per cui torno in Sardegna da trent'anni
(1972-2002), di *Beppe Severgnini*

1. C'è il mare di mezzo. La gente non ci finisce per caso, ma ci va
per scelta.

2. Il colore dell'acqua. Non ci sono Caraibi che tengano.

3. La sabbia non è polvere. Si infila nelle orecchie, ma poi esce.

4. Il cisto profuma di Sardegna, o la Sardegna profuma di cisto.
Ancora non ho capito, ma non è importante.

5. Le danze tradizionali. Dopo tre "filu e ferru", ballano anche i
milanesi.

6. Gli occhi delle donne. Guardateli, e capirete perché in Sardegna
comandano loro.

7. I malloreddos hanno un nome simpatico.

8. Le pecore hanno un'aria filosofica.

9. Cagliaritani e sassaresi sono così impegnati a litigare tra loro che
non hanno tempo per noi continentali.

10. La salsiccia sarda è un salume sexy.

11. Le seadas col miele sono una droga consentita.

12. Il ginepro è la versione botanica (e contorta) dei nuraghi: roba
solida, che dura.

13. Hanno distrutto la deliziosa piazza sabauda, ma non sono
ancora riusciti a rovinare Santa Teresa di Gallura.

14. Sempre a Santa Teresa. Scendo a Rena Bianca (passione di mio figlio), mi sdraio e guardo la Corsica che mostra i denti. Magnifico.

15. I cafoni stanno (quasi) tutti in Costa Smeralda.

16. Ai miei amici sardi non piacciono i corbezzoli. Così li mangio io.

17. La gente pensa prima di parlare.

18. Alcune zone della Sardegna hanno subito una regressione turistica, fenomeno raro in questo emisfero. Prendiamo Rena Majore, nel nord-est, dove ho casa. Nel 1972 c'era la piscina, un trenino che portava al mare, bar e ristorante sulla spiaggia. Nel 2002, nulla di tutto questo.

19. Niente commissario Montalbano. Ma di Sardegna hanno scritto Salvatore Satta, Carlo Levi e D.H. Lawrence.

20. L'accento si può imitare. Basta allenarsi con amici sardi spiritosi.

21. L'uso del gerundio è affascinante ("Scherzando stai?").

22. Certe calette sembrano il salvaschermo del computer.

23. Il vento rende nervosi molti turisti, che non ritornano. Meglio. Così si sta più larghi.

24. In un posto circondato dal mare (e che mare!) sono specializzati nella cucina di carne.

25. "Quando il traghetto, al termine della notte, si avvicinava alla Sardegna, alzavamo il naso per sentire il profumo. L'importante era non farsi notare. A diciotto anni sono ammesse battute e parolacce; non la poesia dell'alba sul mare" (romantici ricordi del sottoscritto, da "Italiani si diventa", Rizzoli 1998).

26. Forse nel 2222 termineranno i lavori stradali intorno al porto di Olbia. I miei pronipoti saranno contenti.

27. La Sardegna piaceva a Montanelli e a De Andrè.

28. Bortolo Severgnini (classe 1869, fratello di mio nonno Giuseppe) venne mandato a Tempio Pausania, giovane procuratore del Re. Altri tempi, altre zanzare.

29. Chi dice che i sardi sono piccoli? Sono concisi.

30. Le doppie hanno un crepitio simpatico: ascoltate Francesco Cossiga. Anche quando non sono d'accordo su quello che dice, mi piace come lo dice.

31. Vicino alla magnifica isola grande, ci sono splendide isole piccole (Maddalena, Caprera, San Pietro).

32. Alghero profuma di Spagna, Cagliari di sud, Oristano di sole e Castelsardo di vento.

33. Vermentino freddo e mirto gelato sono l'equivalente della salsa barbeque negli Stati Uniti: potenti evocatori d'estate.

34. I porcellini sono belli, ma soprattutto buoni. Uno assaggia e ringrazia il cielo di non essere vegetariano.

35. Spiaggia del Poetto a Cagliari. La ricordo urbana e decente, e avevano anche i gelati al biscotto.

36. Capo Testa scolpito dal vento. Suona banale, ma è tutto vero.

37. Le donne sarde hanno cominciato a vestirsi in nero molto prima delle PR della moda a Milano.

38. Quando li chiami al telefono, i sardi ricordano sempre chi sei.

39. Il BAM (burino acquatico motorizzato) è abbastanza raro. In mare càpita di sentire il rumore delle onde.

40. Il sughero è più simpatico della plastica.

41. Cala Capra, vicino Palau. Una piscina della Florida senza gli svantaggi della Florida.

42. La lunga spiaggia a est di Vignola. Se ci portano le auto e gli ombrelloni, mi rivolgo alle Nazioni Unite.

43. Le piante piegate dal maestrale. Sembrano appena uscite dal parrucchiere.

44. C'è sempre una spiaggia vuota, anche in agosto. Magari all'alba: ma c'è.

45. L'estate non è un brodino tiepido californiano. L'estate sarda comincia (giugno), continua (luglio), si interroga (agosto), si stanca e se ne va (settembre). Come dire: buone vacanze, ci vediamo là.

RAZZA

Le altre culture non sono il tentativo fallito di essere te.
Esse sono manifestazioni uniche dello spirito umano.
Wade Davis

NAZIONALITÀ

Io sono per eredità ebreo, per cittadinanza svizzero, e per temperamento un essere umano, e solo un essere umano, senza nessuno speciale attaccamento a qualche Stato o a qualunque entità nazionale.

Albert Einstein

~~~

Io sono veramente un 'viaggiatore solitario' e non sono mai appartenuto al mio paese, alla mia casa, ai miei amici, o neanche alla mia famiglia più stretta, con tutto il mio cuore. Di fronte a tutto questo, non ho mai perso il senso del distacco ed il bisogno di solitudine.

Albert Einstein

~~~

Miei compatrioti americani: non chiedete cosa possa fare la patria per voi - chiedete cosa potete fare voi per la patria.
Miei compatrioti cittadini del mondo: non chiedete cosa l'America farà per voi - ma cosa possiamo fare insieme per la libertà dell'uomo.

John Fitzgerald Kennedy: discorso inaugurale per
l'elezione a presidente, 21 gennaio 1961

~~~

Odio tutte le bandiere nazionali, perché sono idoli. A cosa rendiamo onore? Io rendo onore all'umanità, non ad una bandiera circondata da un esercito.

Anthony De Mello

IL VALORE DEL TEMPO

a. Per scoprire il valore di un anno,
chiedilo a uno studente
che è stato bocciato all'esame finale.
b. Per scoprire il valore di un mese,
chiedilo a una madre
che ha messo al mondo un bambino troppo presto.
c. Per scoprire il valore di una settimana,
chiedilo all'editore
di una rivista settimanale.
d. Per scoprire il valore di un'ora,
chiedila agli innamorati
che stanno aspettando di vedersi.
e. Per scoprire il valore di un minuto,
chiedilo a qualcuno
che ha appena perso il treno, il bus o l'aereo.
f. Per scoprire il valore di un secondo,
chiedilo a qualcuno
che è sopravvissuto a un incidente.
g. Per scoprire il valore di un millesimo di secondo,
chiedilo ad un atleta
che alle Olimpiadi ha vinto la medaglia d'argento.

Il tempo non aspetta nessuno.
Raccogli ogni momento che ti
rimane, perché ha un grande valore.
Condividilo con una persona speciale,
e diventerà ancora più importante.

MORTE

La nostra morte non è la nostra fine
se viviamo nei nostri figli e nelle nuove generazioni.
Perché loro sono noi;
i nostri corpi sono solo foglie appassite nell'albero della vita.
Albert Einstein

~~~

Sono arrivato alla convinzione che l'abolizione della pena di morte
sia desiderabile.
Le ragioni: (1) irreversibilità in caso di errore giudiziario; (2)
nociva influenza morale su quelli che devono eseguire la sentenza.
Albert Einstein

~~~

L'amore perduto è ancora amore. Ha una forma diversa, tutto qui.
Non potrai vedere il loro sorriso o portargli da mangiare o
scompligliare loro i capelli o stringerti a loro sulla pista da ballo.
Ma quando tutti questi sensi si affievoliscono, un altro si innalza.
La memoria. La memoria diventa il tuo partner. Tu la nutri. Tu la
sostieni. Tu balli con lei.
La vita deve finire, l'amore no.
Mitch Albom, 'The 5 people you meet in heaven'

~~~

Homo liber nulla de re minus quam de morte cogitat; et eius
sapientia non mortis sed vitae meditatio est.
[dal latino: 'L'uomo libero non pensa a nulla meno che alla morte;
e la sua sapienza è una meditazione non della morte, ma della
vita'.]
Spinoza

Lentamente muore chi diventa schiavo dell'abitudine, ripetendo ogni giorno gli stessi percorsi, [...] chi non cambia la marca, il colore dei vestiti, chi non parla a chi non conosce.

Muore lentamente chi evita la passione, chi preferisce il nero su bianco e i puntini sulle "i" piuttosto che un insieme di emozioni, proprio quelle che fanno brillare gli occhi, quelle che fanno di uno sbadiglio un sorriso, quelle che fanno battere il cuore davanti all'errore e ai sentimenti.

Lentamente muore chi non capovolge il tavolo, chi è infelice sul lavoro, chi non rischia la certezza per l'incertezza per inseguire un sogno, chi non si permette almeno una volta nella vita di non seguire consigli sensati.

Lentamente muore chi non viaggia, chi non legge, chi non ascolta musica, chi non trova grazia in se stesso.

Muore lentamente chi distrugge l'amor proprio, chi non si lascia aiutare; chi passa i giorni a lamentarsi della propria sfortuna o della pioggia incessante.

Lentamente muore chi abbandona un progetto prima di iniziarlo, chi non fa domande sugli argomenti che non conosce, chi non risponde quando gli chiedono qualcosa che conosce.

Evitiamo la morte a piccole dosi, ricordando sempre che essere vivo richiede uno sforzo di gran lunga maggiore del semplice fatto di respirare.

Soltanto l'ardente pazienza porterà al raggiungimento di una splendida felicità.

Pablo Neruda

~~~

Non si muore
finché si è ricordati.

IL PASSATO

Il passato non è mai morto e sepolto – non è neanche passato.
William Faulkner

~~~

Stranamente, questo è il passato a cui qualcuno nel futuro bramerà ritornare.
Ashleigh Brilliant

~~~

Non giudicare solo con gli occhi di oggi quello che è successo ieri. Le situazioni, i valori, le relazioni di ieri potrebbero essere state completamente diverse.

IL FUTURO

È possibile credere che tutto il passato sia solo l'inizio, e tutto ciò
che è ed è stato sia solo il tramonto dell'alba.
H.G. Wells

~~~

Il futuro non è più ciò che era solito essere.
Yogi Berra

~~~

Se desideri avere un figlio intelligente,
sposati una moglie intelligente.
James Watson

~~~

A questo serve il paradiso. Per capire la tua vita terrena. [...]
Questo è il più grande dono che Dio può darti: capire cos'è
successo nella tua vita.
Mitch Albom, 'The 5 people you meet in heaven'

~~~

Che i tuoi figli siano in gamba, questo è quello che conta.
Riferito a Barack Obama

~~~

Il futuro può essere meglio del passato, e ogni individuo ha un
obbligo personale e morale a renderlo tale.
C. Quigley, in 'My Life', di Bill Clinton

Autori

Aguilar, L., 20

Aimee, Anouk, 47

Albom, Mitch, 74, 89, 91, 102, 121

Alcott, Louisa May, 48

Alighieri, Dante, 40

Allen, David, 15, 15, 20, 20, 22

Allen, Fred, 54

Allen, Woody, 21, 101

Andreotti, Giulio, 55, 65, 78

Angelou, Maya, 84

Antico proverbio orientale, 41, 41

Apollo a Delphi, inscrizione nel tempio di, 62

Aristofane, 40

Aurelio, Marco, 54

Bacio Perugina, 46

Bacon, Lord, 27

Baez, Joan, 66

Baglioni, Claudio, 94

Baker, V, 456

Balzac, Honoré de, 82

Baricco, Alessandro, 56

Barrie, James, M., 64

Barthelemy, Auguste-Marseille, 66

Baxter, Jason, 14, 83

Bennett, Alan, 39

Berghella, Anna, 52, 99

Bergson, Henri, 75

Berra, Yogi, 121

Block, Arthur, 20

Bogana, Gianna, 40, 86, 105

Bonaparte, Napoleone, 19

Borge, 101

Brady, Louis Smith, 93

Brilliant, Ashleigh, 120

Brown, Les, 84

Brujin, Biu, 106

Bucaro, Frank C., 24

Buck, Pearl S., 13
Butterworth, Eric, 107
Buxton, Thomas Fowell, 17
Byron, Lord, 80
Caillois, Roger, 19
Caio, Tito, 10
Caplan, Arthur L, 27, 31
Catullo, 96
Clark, Frank A., 54
Clinton, Bill, 78, 84
Confucio, 43, 82, 87
Coolidge, Calvin, 17
Coward, Noel, 14
Cuoco, Vincenzo, 105
da Vinci, Leonardo, 22
Dalai Lama, 58, 88, 88
Davis, Wade, 115
de Chartres, Bernard, 24
De Mello, Anthony, 39, 40, 45, 46, 47, 47, 48, 48, 49, 62, 68, 83, 88, 89, 92, 95, 95, 116
Dement, William C., 67
Detto giapponese, 110
Diana, Principessa, 63
Donald, Ian, 26
Duncker, Patricia, 87
Eckhart, Meister, 63
Einstein, Albert, 9, 13, 13, 13, 16, 26, 27, 28, 37, 38, 38, 38, 42, 42, 42, 43, 46, 47, 50, 74, 75, 80, 95, 103, 103, 103, 104, 107, 107, 108, 108, 108, 116, 116, 118, 118
Einstein, R Williams, 103
Eliot, George, 50
Eliot, Thomas Stearns, 47
Emerson, Ralph Waldo, 75
Everett, Rupert, 62
Faulkner, William, 120
Fichte, Johann G., 68
Flaubert, Gustave, 44, 81
Franklin, Benjamin, 39, 52, 53
Freud, Sigmund, 48
Fromm, Erich, 98

Galbraith, John Kenneth, 45
Gandhi, Indira, 55, 85
Gandhi, Mahatma, 47, 50, 80
Gardner, John W., 74
Garland, Judy, 63
Gates, Bill, 60
Gawandi, Atul, 27
Getty, J. Paul, 22
Giansante, Paolo, 54, 100
Giovenale, 106
Giraudoux, Jean, 81
Giuliani, Rudolph, 14, 15, 19, 39, 41, 55, 68, 83
Gladwell, Malcolm, 89
Goddard, Robert H., 86
Goethe, Johann Wolfgang von, 16, 25, 95
Gracian, Baltasar, 46
Greenberg, Rich, 21
Groopman, Jerome, 34, 93, 108
Harrison's Principles of Medicine, 31
Hesse, Herman, 25, 56, 56, 76, 94
Hoelderlin, Friedrich, 67
Holmes, Oliver Wendell, 27, 51, 101
Hubbard, Elbert, 21
Hugo, Victor, 55
Ippocrate, giuramento di, 35
James, William, 49
Jefferson, Thomas, 39
Johnson, Samuel, 51, 55
Kabir, 47
Kai-shek, Chiang, 19
Kant, Immanuel, 40, 45
Keller, Helen Adams, 53
Kennedy, John Fitzgerald, 100, 116
Kern, 15
Kersten, E.L., 21
Kierkegaard, Soren, 50
Klein, Thomas, 34
Lader E., 103
Laing, Ronald David, 57
La Rochefoucauld, François de, 97

Lavalle, Antonello, 100
Lehrer, Tom, 101
Lewis, Linda, 30
Lincoln, Abraham, 50, 87, 101, 102, 107
Little, John, 13, 21, 22, 22, 30, 44, 96
Locke, John, 91
Lombardi, Vince, 14, 49
Machiavelli, 53
Madre Teresa di Calcutta, 94, 107, 107, 108
Majdan, Joseph, 53
Mandragola, 99
Maometto, 41
Marquez, Gabriel Garcia, 55, 56, 63, 84, 96, 96, 96, 97, 97, 97, 98, 98, 98, 100
Martin, Steve, 66
Marx, Groucho, 49
Matheson, George, 50
Maugham, William Somerset, 67, 95
Mayo, William J., 27
Medhus, Elisa, 14, 45, 54, 63, 91, 92, 94, 105
Milton, John, 51
Montanelli, Indro, 92
Montesquieu, Charles de, 110
Montgomery, Kathryn, 32, 33, 33, 33, 33, 34, 34
Moro, Fabrizio, 75
Morris, Louis, 15
Neill, Alexander Sutherland, 91
Neruda, Pablo, 119
Newton, Isaac, 24
Niebuhr, Reinhold, 76
Nietzsche, Friedrich, 83
Nixon, Richard, 51
Oates, Joyce Carol, 62
Obama, Barack, 22, 41, 66, 89, 91, 96, 121
Orazio, 9, 18, 71, 75, 83
Ortis, Jacopo, 52
Osler, William, 28, 29, 32, 32, 36, 36, 37
Ovidio, 18
Paulos, John Allen, 22, 42, 102
Peabody, F.W., 31

Peters, Tom, 18
Platone, 31, 93
Poe, Edgar Allan, 101
Pogo, 52
Proverbio biddista, 51
Proverbio cinese, 14, 42, 76
Proverbio spagnolo, 100
Quigley, C., 121
Ragazzina malata terminale, 73
Rattazzi, Priscilla, 90
Richards, Mary Caroline, 50
Rilke, Rainer Maria, 62
Rogers, Will, 26
Roosevelt, Eleanor, 67, 71
Roosevelt, Franklin D., 55, 103
Roosevelt, Theodore, 17, 66
Sant'Agostino, 64, 110
Saint Exupéry, Antoine de, 98
Saroyan, William, 84
Sartre, Jean-Paul, 46, 52
Savater, Fernando, 75
Saward, Ernest W., 28
Seneca, 40, 53
Severgnini, Beppe, 86, 111-4
Shakespeare, William, 49, 62
Shaw, George Bernard, 30
Shedd, John, 67
Sheehy, Gail, 83
Schwab, Charles, 21
Shenk, David, 17
Sigerist, Henry E., 24
Socrate, 40
Spider Man, 19
Spinoza, 118
Szent-Gyorgyi, Albert, 28
Talmud, 75
Testa, Tonino, 99
Thoreau, Henri David, 105
Tolstoj, Lev, 50
Tversky e Kahneman, 47

Twain, Mark, 30, 66, 77, 84
van der Meersch, Maxence, 38
Vangelo secondo Giovanni, 80
Voltaire, 41, 45
Vonnegut, Kurt, 63
Walpole, Horace, 48
Watson, James, 16, 16, 19, 19, 24, 40, 41, 41, 42, 121
Weinstein, Lou, 21
Wells, H.G., 121
Wenger, David, 81
Wilde, Oscar, 20, 91, 94, 99, 101
Yeats, William Butler, 26

Film

L'attimo fuggente, 53
Planes, trains, and automobiles, 20
Pretty woman, 55
Roxanne, 66
Sound of music, 84
When Harry met Sally, 99

Traduzioni
Vincenzo Berghella
Gianna Bogana
Maria Bisulli
Caterina Businelli
Dada Carrara
Paola Luzi
Pier Luigi Santangelo

Copertine
VB

www.ingramcontent.com/pod-product-compliance
Lightning Source LLC
Chambersburg PA
CBHW022116280326
41933CB00007B/409